역 사

성찰된 시간

프랑수아 도스

김미겸 옮김

東 文 選

역 사

FRANÇOIS DOSSE

L'HISTOIRE
ou
le temps réfléchi

© Hatier 1999

This edition was published by arrangement
with Hatier, Paris
through Sybille Books, Seoul

차 례

서 문

역사란 무엇인가? 해묵은 질문이지만 실제로는 결코 해결되지 못한 질문이며, 특히 오늘날 우월성과 패권주의적인 야망들을 잃어버렸던 한 학문에 대한 수많은 의구심 속에서 항상 되풀이되는 질문이다. 학문 전반에 영향을 끼친 아날학파의 득의양양한 시기를 거친 이후, 역사는 가능성들의 영역과 한계들을 보다 면밀히 검토하기 위해 침잠(沈潛)의 곳이 아닌 자신의 보금자리로 되돌아온다.

자신의 기술(記述) 행위의 특이성을 자각하고 있는 오늘날의 역사가는, 무엇보다도 반성에 기초한 관점에서 클리오(Clio: 역사의 수호신)를 거울의 뒷면으로부터 나오게 하는 경향이 있다. 그 결과 새로운 정언적(定言的) 명령이 생겨나는데, 이것은 이중적인 요구에 의해 설명된다. 즉 하나는 직업적 사가(史家)가 사용한 개념들과 정의들을 일종의 항구적인 질문으로 해석한 역사인식론에 대한 요구이고, 다른 하나는 최근의 역사가들이 제기한 분석들에 사료 편찬적인 관심을 요구하는 것이다. 따라서 우리는 역사가들에게 고유한 이론적 공간의 출현을 보게 되는데, 이들은 그들 고유의 이름을 되찾게 되고, 인간·사건 관련자 그리고 사건 관련자의 행동에 역사 활동을 집중시키게 된다.

역사가들은 양차 대전 이후 페르낭 브로델이 발표한 논문《펠리페 2세 시대의 지중해와 지중해 세계》에 묘사된 장기 지속 현상들을 높이 평가한 후, '인간화 과정'[1]에 참여한 대부분의 인문과학들에 관계되는 대변혁을 평가한다. 80년대말 아날학파의 '결정적인 전환점'은 이 폭넓은 '실제적인 전향'[2]을 입증하게 되고, 이로 인해 역사가는 오랜 침묵 끝에 다시 나타난 사건 관련자들을 진지하게 받아들인다.[3] 사건 관련자들에 대한 이러한 재편성의 주된 결과는 역사가에게 있어서는 시간을 재형성하는 것으로 해석되고, 또한 짧은 기간, 설정된 행동, 사건에 대한 재평가로 해석되어진다. 역사학에서 실용주의로의 전향은 역사학의 구조적인 침체로부터 깨어나게 하고, 적응의 개념에 중심 자리를 부여하며, 행동에 관한 새로운 사회학[4]의 예를 따르면서, 과거 사건 관련자들의 행동에 대한 일시적인 모델들을 논의하게 해준다.

역사학자 피에르 노라가 정의한 것처럼, 현재의 '사료 편찬의 전환점'은 공동의 기억 속에 남겨진 과거의 사건·사람·상징·문장(紋章)들의 흔적들로부터 동일한 역사적 근원들을 재해석할 것을 역사가 단체에 권유한다. 모든 역사적 전통에 대한 이러한 이탈과 탈환은 전혀 다른 역사에 이르는 길로 이끈다. "이러한 이탈과 탈환은 더 이상 역사의 결정 요소들이 아닌 결정 요소들의 결과이며, 기억되고 심지어 기념되어진 행위들이 아닌 행위들의 자취이며, 기념들의 놀이이다. 이것은 사건 그 자체가 아닌 시간 안에 사건들을 구성하는 것이고, 사건들이 갖는 의미의 소멸과 재출현인 것이다. 지나가 버린 과거가 아니라 연속적인 현재에서, 과거의 영구적인 재사용, 과거의 사용과 악용, 과거의 프라그난츠[Pragnanz: 베르트하이머의 용어로 '정확성'이라는 뜻]이며, 전통이 아니라 전통이 구성되고 전환되어진 방법인 것이다."[5] 기억에 대한 변형들의 역사와 관념적인 대상(對象)들이 구성하고 있는 실제적이면서도 한계가 정해지지 않은 상징적인 현실로 동시에 열려진 이 거대한 작업대는, 철학자 폴 리쾨르가 경험적 시간과 우주 질서의 시간 사이를 연결하는 다리로 정의한 매개의 시간이 될 수 있는 것이 무엇인가를 잘 표현하고 있다. 그러므로 기억에 대한 연구는, 그것 역시 과거의 관련자들을 고려할 것을 권유한다.

오늘날의 추모적인 유행 그 이상으로, 미래에 대한 계획들을 구성해야 하는 현대 사회의 어려움을 시사하는 역사학은 현재의 요청들을 되살리도록 요구된다. 이러한 요청의 결과인 역사성의 새로운 체제는 변화를 향해 항상 열려 있지만, 그것은 전적으로 그 자체에 대해 폐쇄되고 구상된 계획의 단순한 투영만은 더 이상 아니다. 행위에 대한 논리학 그 자체는 가능성들의 영역을 열어 놓고 있다. 논리학은 과거의 확인되지 않은 가능성들로부터 현재의 잠재성들을 재개하도록 역사학자들에게 권유한다. 그러므로 역사의 기능은 살아 있으며, 목적론적인 관점들의 죽음은 미래 세상을 다시 생각하기 위한 기회가 될 수 있다.

역사적인 이야기가 자체적으로 독립을 하고, 과학적인 특성을 지닌 하나의 학문으로 인식된 특별한 이야기가 되도록 하고, 실행된 단절들 각각으로부터 얻어진 가치를 보다 잘 이해하기 위해, 우리가 만들고자 제안한 사료 편찬의 우회적인 수단은 역사에 대한 기술 방식들의 다양성을 발굴하고자 하는 의지를 띠고 있다. 역사학자들이 사용했던 정의와 개념들에 대한 질문은 오늘날 학문의 과거를 통한 우회를 더 이상 피할 수 없으며, 이것은 자동적으로 기념하려는 목적에서가 아니라, 역사 활동에 대한 반성의 계기가 된 새로운 시대로 되돌아가기 위해서이다.

I

문학 장르와는 대조적인 진실의 약속

1. 음영시인에서 역사학자까지

특별한 담론법으로서의 역사는 진실 추구의 측면에서 문학 장르와의 계속적인 단절을 통해, 그리고 더딘 출현을 통해 태어났다. 오랫동안 진정한 거짓말쟁이로 소개되었던 헤로도토스는 자신의 출생지——기원전 5세기의 그리스——에 의해 크게 영향을 받았지만 매우 다른 하나의 계획, 즉 새로운 장르인 역사 탄생의 윤곽을 드러내는 기술(記述)의 긴장감을 구체화한다. 헤로도토스는 kleos(영웅들을 위한 불멸의 영광)의 전파자이자 전설을 이야기하는 음영시인의 지배 시대를, 인간의 행적들이 사라지는 것을 지연시켜야 할 임무를 갖고 있고 지금까지도 알려지지 않은 사람(histor)에 의해 진행된 탐색 작업(historiê)으로 대체시킨다. 이 두 경우에서 문제가 되는 것, 그것은 "시간이 인간의 업적들을 없애지 않게 하기 위해, 그리고 그리스인들에 의해서나 혹은 베르베르 족에 의해 이룩된 훌륭한 공적들이 잊혀지지 않게 하기 위해서"[1] 죽음을 사회화하면서 제어하는 것이다.

할리카르나소스 도시 출신의 헤로도토스는 역사 장르의 출현을 가능케 하는 여러 개의 결정적인 변화들을 실행하면서 혁신을 일으킨다. 실제로 그것은 더 이상 영웅들만을 찬양하는 것이 아닌 도시 국가들의 범위[2] 안에서 인간 집단들이 가져온 가치들을 찬양하고, 공적들에 대한 추억을 기념하는 것이 아닌 인간들이 실행했던 것을 기억 속에 보존하려고 애쓰는 것이다. 시민 정체성의 근원으로 싹트기 시작한 정치 의식은 후손들에게 문화적 유산의 전달을 허용하는 실용주의적 관점 속에서, 연대기적 설명의 영역을 향한 호메로스 전설의 대변화를 가능케 한다. 역사 탄생을 주도한 이 거대한 변혁은 시민 공동체(polis)에 대한 확신 속에 존재하게 된다. 그러므로 이야기의 서사시적인 본질로부터 정치적 존재로 이동케 하는 것, 그것은 바로 정치 의식인 것이다. 호메로스로부터 헤로도토스에 이르는 이행(移行)은 histor가 차지하고 있던 위치 덕분에 허용된 민간 이양(移讓)의 시초를 드러내는 것이다. histor는 이야기의 작가로서 뮤즈들과 영웅들을 대신한다. 배우는 더 이상 진실을 소유한 사람이 아니며, 오히려 역사에 참여하지 않은 불참자[3]가 되는 것이다. 즉 역사가가 하는 이야기는, 그가 이야기를 펼쳐 나가는 수단인 '그(il)'를 사용함으로써 증명된 간격, 거리의 기호 자체를 지니게 된다. 그 결과 독자가 예상하는 영역과 줄거리가 놓여진 구조 사이에서 긴장감을 취하고 있는 텍스트 세계의 내부에는 과거의 이야기와 현재 사이에 거울에 비친 모습처럼 거꾸로의 구조[4]가 생겨난다. 둘로 나뉜 텍스트 공간인 이 중간 부분은 사료 편찬 활동의 특성을 구성하고, 과거가 현재 안에 겹쳐지게 되는 역사성의 체제를 야기한다. "이러한 역사성의 체제는 그곳에서 현실로 작용하는 지시언어를 도래케 할 수 있고, 동시에 지식의 요청에 따라 판단할 수 있는 소송, 즉 인용의 문제 제기에 따라 구성된다."[5]

　헤로도토스의 작품인 《역사》는 그가 끊임없이 자신의 정체성에 대해 질문을 던진 거울이 되었다. 신화나 전설이 초시적(超時的)이거나 순환적인 사이클을 지니고 있었던 반면, 그는 감지될 수 있는 시간성 안에 인간이 참여한, 즉 실제 시간의 인간화의 근원들을 바로 그곳에서 찾아낸다. 역사가 헤로도토스가 그리스와 페르시아 제국이 대치했던 페르시아 전쟁에 대해 이야기를 만들 때, 그는 그리스에서 탄생한 도시 국가의 현실 한가운데에서 활동한 집단에 뿌리를 내린 증명의 의지로 달아오르게 된다. 그는 페르시아 전쟁의 구체적인 실례로부터 이방인의 침입이 있을 때, 그의 국가가 경험하게 되는 극적인 사건의 원인들을 기록하게 되고, 그 결과 민주주의 체제 형태하에서 국가의 토대로서의 공동법이 통치를 하는 그리스 도시 국가의 diké(기준, 척도)의 모델과, 전제 군주 —— 키루스·캄비세스·다리우스·크세르크세스 —— 가 원하는 바에 따라 통치하는 페르시아 체제의 hubris(기상천외)의 모델 사이에 이원(二元)의 대립이 생겨나게 된다. 이 분석 구조는 헤로도토스가 인종적 혹은 정신적 특성들에 따라 두 체제를 비교한 것이 아닌, 정치 조직의 유형에 따라 두 체제를 비교함으로써 혁신을 일으키게 된다.

histor의 이야기를 판별해 내는 경계가 된 헤로도토스 작품 안에서 이야기에 대한 진실의 증거는, 고대 이오니아 세계에서 지식의 특권을 지닌 수단을 구성하는 보는 것(le voir), 즉 시선 안에 자리해 있다. "우리는 다른 무엇보다도 보는 것을 선호한다. 이유는, 보는 것은 모든 의미에서 우리에게 많은 지식을 획득하게 해주는 것이며, 우리에게 많은 차이점들을 발견하게 해주는 것이기 때문이다."[6] 그러므로 역사적인 이야기는 눈이 구전(口傳)을 통해 문자로 쓰여지게 된다는 것, 그렇기 때문에 지각에 부여된 우위라는 것을 믿게 하는 것을 의미한다. 보는 것이 부족할 때, 사람들은 들었던 것, 여전히 구전의 우세를 굳건히 하고 있는 것으로 되돌아갈 가능성이 남아 있는 것이다. 쓰여진 것의 위상은 오히려 가치가 떨어지게 된다. 그것은 필사생들이 전제 군주의 특권들을 보호해 주기 위해 역할을 수행하는 이집트 제국의 속성처럼 보여진다. 진실, 그것은 구술의 측면, 그렇지 않으면 신탁의 측면에 있는 것이다.

음영시인과 histor 사이의 단절은 아직 완전한 것은 아니다. 헤로도토스는 사람의 환심을 사는 수사학적인 모든 기술에 더 큰 가치를 부여하는 대중 독서라는 간접적인 수단을 통해, 자신의 이야기를 알리기 위해 음유시인처럼 여러 도시를 돌아다닌다. 투키디데스는 올림피아에서 헤로도토스가 자신의 작품인 《역사》를 이야기하는 것을, 자식과도 같은 입장에서 그가 어떻게 들었는가를 이야기한다. 그의 놀라움은 감동으로 눈물을 흘릴 지경에 이르는 것이었다. 그러나 이러한 환희에도 불구하고 아들은 아버지를 살해한다. 헤로도토스는 너무나도 전설에 가깝고, 진실을 구축하는 엄격한 규칙들과는 너무나 거리가 멀다고 비난을 가하는 제자로부터 명예 실추를 겪게 된다. 결국 헤로도토스는 문헌 자료의 부실을 보충하기 위해 터무니없이 이야기를 멋대로 꾸며내는 데 뛰어난 사람으로 인정된다. 역사의 아버지인 그는 거짓말의 아버지가 된다. 그는 역사학자 프랑수아 아르토가 주목한, 역사와 소설 사이에서 분리할 수 없는 관계들을 나타내 주는 모순 어법의 인물이자 진정한 거짓말쟁이인 것이다.

투키디데스는 역사의 보다 완전한 분리를 시도하고 역사가인 헤로도토스를 혹평하면서 그의 작품의 명예를 실추시킨다. "헤로도토스 작품의 구성들은 진실성보다는 오히려 청중의 동의를 겨냥하고 있다. 즉 입증할 수 없는 사실들과 관련된 것으로, 이 사실들의 오래 됨은 사람들이 믿을 수 없는 신화들에 빈번히 그 역할을 강요하고 있다."[7] 투키디데스에 따르면, 헤로도토스는 신화론자(muthôdes)인 것이다. 스승과 결별한 투키디데스는 역사가가 취해야 할 시도에 대해, 역사가는 진실을 탐구해야 함을 강조한다. 이것은 재판부 취조와 유사한 탐구인 것이다. 따라서 진실은 역사가의 존재 이유가 되는 것이다. 투키디데스는 수행해야 할 방법의 몇몇 구성 규칙들을 제시한다. "나는 눈에 보이는 증거, 혹은 가능한 한 완벽하고 주의 깊은 비평적 고증을 거친 후에야 나의 정보들을 말할 뿐이다."[8]

역사가에게 있어서 여전히 선호의 대상인 것은 바로 기원전 5세기말 그리스를 불타게 했던 펠로폰네소스 전쟁이다. 이 전쟁 동안 아테네와 스파르타는 서로 맞서 싸웠고, 두 도시는 두 개의 연합을 관리했는데, 하나는 아테네 해상 제패 주변에 모인 연맹이고, 다른 하나는 스파르타 주변 지상 제국을 건설한 연맹이다. 배경상 두 정치적 개념이 서로 대치해 있었다. 즉 한쪽은 아테네 국민(demos)의 것인 대중 광장(agora)으로 향한 체제이고, 다른 하나는 군사력을 목적으로 한 스파르타의 정치 체제였다. 투키디데스에게 있어서, 역사는 인간사와 관련된 것이므로 역사는 심리학의 가장 깊숙한 곳까지 뿌리를 내리게 된다. 사건들에 대한 시련은 가장 깊숙이 뿌리박힌 심리학적인 동기들을 흔들어 놓으며, 이러한 심리학적 동기들을 변화시키는 충격에는 단지 드물게 저항할 뿐이다. 그러므로 명예는 모험심으로 전환되고, 합법적인 통치에 대한 취향은 전제적인 욕망으로, 난폭함은 영웅주의로, 신중함은 위선으로 변하게 된다. 사건들을 역사적인 소재로 변형시킬 수 있는 유일한 정치 체제에서 이러한 열정들은 구체화된다.

아테네 제국의 쇠퇴 원인에 대해 의문을 제기한 투키디데스는 역사 강의로 유명해진 인물로, 역사에 교육적인 목적과 가치를 부여한다. 이러한 관점에서 헤로도토스와 마찬가지로 투키디데스는 진실의 원천으로서 보는 것, 눈을 중요시한다. 그러나 헤로도토스와는 차이를 둔 그는 모든 간접적인 근원, 즉 '말하는 것을 말하는 것'을 배제시킨다. 그러므로 역사를 아는 것은 절대적으로 보는 것이다. 그는 역사가는 자신이 사는 시대와 자신이 있는 장소로 연구의 영역을 한정해야 함을 표명한다. 진실 약속에 대한 주장과 함께 투키디데스가 물려 준 유산은, 사실적인 이야기에 생명감을 불러일으키는 증거에 대한 그의 근심과 마찬가지로, 독자에게 밝혀야 할 가정(假定)을 뒷받침하기 위해 의식적인 선택을 해야 하는 진정한 역사가의 소명인 것이다. 그러므로 아테네 제국주의의 논리는 전쟁들로부터 드러난 대혼란의 일관성에 대해 독자를 이해시켜야 하는 역사가의 이야기의 실제적인 조절 원리인 것이다.

투키디데스는 아테네의 힘을, 이것이 패배의 형을 선고받았거나 끝없이 다시 시작하는 시시포스와 같은 형을 선고받았건간에, 모방할 수 없는 매우 이례적인 모델로서 찬양한다. 아테네 해상 제국의 제국주의는 스파르타 동맹이라는 이름 아래 스파르타에 의해 건설된 영토 연맹에 대립하는 전쟁에 원인을 두고 있다. '아테네 사람들'로 불리는 집단적 의지의 측면에서 역사의 원동력으로 여기는 심오한 원인과 조절 원리에 뛰어난 투키디데스는, 원인·사실·결론을 연결하는 삼위일체에 대한 그의 냉엄한 논리와 함께 역사가의 기술 구조가 될 것을 세우게 된다.

2. 고증학적 연구

15,16세기에 르네상스는 고대로부터 야기된 역사와 문학의 단절을 재해석하고, 이러한 단절을 강화한다. 완전한 역사에 대한 계획과, 더 이상 절대로 문학적이지 않은 새로운 근거를 향한 개시(開始)는 수많은 역사의 보조 학문들과 마찬가지로 구성된 새로운 방법들의 발전으로 자라나게 된다. 기욤 뷔데와 수많은 법률가들은 법률 혹은 화폐와 같이 사회의 구체적인 양상에 대한 연구의 발전과 마찬가지로, 괄목할 만한 방식과 함께 과거에 대한 지식을 새롭게 하는 문헌학적인 분석의 발전을 허용한다. 르네상스의 정신을 매료시키는 고대 역사에 대한 흥미는 고고학·화폐 연구의 발전을 자극하고, 특히 자크 퀴자스·프랑수아 오트망이 묘사한 법조계 안에서의 폭넓은 개혁적 경향이 태어나게 되는 발전을 조장한다. 이러한 경향은 이 시기의 사회 변화와의 관계를 연구한 로마법으로의 복귀를 권장한다. 역사의 새로운 생산자이자 소비자인 법률가들은 근거에 대한 고증 방법의 기초를 세운다.

진실에 대한 개념의 변혁 안에서 결정적인 대사건은, 로렌초 발라가 콘스탄티누스가 기부한 증여 증서에 대해 허위성을 주장함으로써 발생된다. 교황과 황제 사이의 권한 배분에 대한 주요한 이 문서는, 콘스탄티누스 대제가 로마와 이탈리아의 교황 실베스테르에게 권한을 부여하고 그리스도교 서방 세계에 대한 바티칸의 일시적인 권한을 받아들인다는 내용을 담고 있었다. 이 증거는 고증 방법의 토대가 된다. 문헌학자 발라는 라틴어의 역사 문법을 세우는 데 그의 모든 연구를 집중한다. 그는 1440년경의 콘스탄티누스의 증여에 대한 고증을 시작할 당시 나폴리의 왕인 아라곤가(家)의 알폰소 궁정에 있었으며, 이곳에서 왕의 후원을 누린다. 중세에 있어서 진실은 권한에 따라 성립된다는 것을 인식하고 있을 때, 우리는 발라에 의해 실행된 단절의 중요성을 평가하게 된다. 그러나 발라는 최고 권위인 교황의 권위를 인정한다. 그의 연구가 그의 생전에는 발표되지 않고, 단지 1517년에 발표되었다는 점에서 이러한 주장은 위험한 것이다.

발라의 이러한 주장은 역사적인 근거에 대한 박학(博學)의 고증에 기반을 두고 있다. 그는 일시적인 권한의 승낙을 복음서의 원리들과 모순된 것으로 놓는다. 그러나 그는 이러한 비논리성을 내세우는 데 한계를 지키지 못한다. 그가 불러일으키고 또한 역사에서 진실 체제를 근본적으로 수정한 사료 편찬의 단절은 기술(記述)의 거짓됨을 밝히기 위한 실행 방법에 기인되며, 교황에 의해 인정된 성전(聖典)을 공격하는 과감함에 기인된다. 발라는 수많은 언어학적 오류들, 위작자(僞作者)들의 '부정확한 어법'들, 그리고 수많은 시대 고증의 오류들을 조사한다. 그리하여 그 당시 황제들이 작은 흰색 머리띠를 매고 있었다면, 콘스탄티누스 대제는 진홍색의 옷을 입고 보석과 황금으로 만들어진 왕관을 쓴 왕으로 소개된다.

중세 시대는 이미 공증된 내용과 진위를 알 수 없는 내용을 구분하고 있었지만, 인문주의의 고증학적 연구는 이러한 구분에 또 다른 의미를 부여한다. B. 게네는 "중세의 역사가들은 증언을 고증하지 않고, 증인들을 검토했다"[9]라고 하였다. 그러나 발라는 가장 높은 권한을 공격하면서 권한 위에 기초한 진정함을, 진실·검증 그리고 인식 위에 기초한 권한으로 대체시킨다. 그때까지 권력 계급의 그늘 속에 있었기 때문에 대중 토론에서 제외되었던 다량의 고문서들을 더 이상 보호하지 못하는 이 새로운 '효력의 균등자(égalisateur de validité)' 덕분에 그는 거대한 연구의 영역을 열게 된다. 텍스트들은 법 안에서 동등하게 되고 고증적 관점에 모두 따르게 된다.

추정된 역사 내용에 대치되는 텍스트 자료에 대한 과학적인 연구는 도래될 고증학적 연구 탄생에 관한 본질적인 예견이었을 것이다. 사람들이 '역사-골동품'으로 정의하게 될 이러한 역사의 기술 형태는 17세기 근거들에 대한 검증 규칙들을 개발하고 체계화하게 된다. 개혁의 장소는 특히 그 당시 생모르의 베네딕투스 수도회가 중심이 된다. 1681년 장 마비용이 펴낸《고문서학》과 함께 새로운 학설이 태어난다. 역사에 부여된 첫번째 규칙은 진실 탐구이다. "공정함에 대한 애정이 재판관의 첫번째 자질인 것과 마찬가지로, 역사가의 제1의 자질은 옛것에 대한 진실 연구와 애정이다."[10] 모미글리아노가 역사적 방법의 참된 변화로서 '골동품'의 작업을 특징짓고 있다는 점에서 마비용의 역사는 자신의 방법들을 객관화한다. 고증학적 연구의 향상을 부추기는 진실에 대한 의무론은 증거 작업·재인식, 그리고 원본 자료들의 사용을 거친다. 바로 이러한 범위 안에서 마비용은 증인들의 계급 상승과 수많은 옛 증언들의 우위성을 성립하게 된다.

《고문서학》이 구성하고 있는 이 새로운 학설은 옛 칭호들을 판단하고, 옛 증서들을 분류하고 구별하게 해주는 규칙들을 명확하게 만들어 내는 데 기여할 것을 자처한다. 고증학적인 연구는 내용 자료에 열중하지만 사용되어진 소재들, 즉 잉크 종류, 양피지, 문자 모양, 관인(官印), 서식 등에도 주의를 기울인다. 《고문서학》을 이용하여 마비용은 지식 학문들의 시리즈 속에 역사를 등록시키고, 기록보관학 총체의 접근 속에서 엄격한 유사성의 규칙들을 고려하여 역사 장르가 도래한 문학과의 분리를 강조한다. 역사학자 마르크 블로크는 "고문서 자료들에 대한 고증은 1681년에 확실히 성립되었다"[11]라고 하였다. 그러나 이러한 17세기의 변화는 내일이 없는 순간적인 것으로 남게 된다. 최근에 철학자 블랑딘 바레 크리에겔은 왜 18세기가 '고증학적 연구의 실패'[12]의 세기였는가를 잘 설명해 주고 있다. 언어·신앙·법 사이에서 《고문서학》에 의해 시도된 연합이 분리되는 18세기의 기나긴 쇠퇴 이후, 고증학적 연구는 19세기말에 또다시 역사 연구의 중심 가치가 된다.

3. 방법 서설

'역사의 세기'로 정의된 19세기와 더불어 역사 장르는 자체의 규칙·관례가 있는 방식을 갖추고, 확립과 재인(再認)의 특별한 양식들을 가진 방법론을 갖추면서 실제로 전문화된다. '일정한 방법에 따르는' 학파로 정의된 역사가들은 순수하고 엄격한 과학자들이기를 바라며 문학과의 근본적인 단절을 표명한다. 1880년에야 비로소 그때까지 차이가 없던 문학 학위와 분리되어 역사 교육 학위가 생겨난다. 이러한 역사의 전문화는 그 자체로 특이한 조건을 가진 고유한 표시들의 시스템을 지닌다. 자신의 주관과는 동떨어진 학자들의 모임에 충성해야 하는 역사가는 미천한 상황 속에서 자신의 글을 통해 소개된다. 훌륭한 역사가는 일에 대한 열정, 겸손, 자신의 과학적 판단에 대해 이론의 여지가 없는 기준들에 의해 구별된다. 소르본대학 역사학과의 거장이자 역사학과 학생들을 대상으로 쓴 유명한 작품, 《역사학 입문》(1898)의 작가인 샤를 빅토르 랑글루아와 샤를 세이뇨보가 '수사학과 가장(假裝)' 혹은 학술적인 역사 이야기를 더럽히는 '문학의 미세한 입자들'이라고 부른 것을 훌륭한 역사가는 모두 거부한다. 기술(記述) 방식은 교육적 가치를 지닌 거의 익명의 문체론을 위해 문학의 미학적인 흔적들을 지울 것을 절실히 요구한다.

1876년에 《역사지(誌)》를 창간하면서 다시 집결한 방법학파는, 1929년부터 경쟁지인 《아날》의 발간인들에 의해 악마로 불려진다. 이 방법학파는 드레퓌스 사건의 대혼란과, 알자스와 로렌 지방을 회수하기를 바라는 국가의 동요에도 불구하고 정치적 안정을 꾀하려고 시도했던 제3공화국의 체제 안에서, 독일 방법론들의 효력을 본받으면서, 그들 나름대로 고증학적 연구에 대한 유산을 다시 취한 장점을 지녔다.

방법학파에 관한 명백한 글을 《역사지》 제1호에 발표한 가브리엘 모노는 전문화된 역사의 이중의 모델로서, 효율적인 대학 교육을 구성할 수 있는 독일과 베네딕투스파의 연구 업적 이래로 프랑스의 고증학적인 연구에 대한 전통을 언급한다. 그는 "현 시대에서 역사 연구에 가장 뛰어난 부분을 기여했던 나라는 바로 독일이다. 우리는 독일을 거대한 역사 실험실에 비교할 수 있다"[13] 라고 간주한다. 모노는 프랑스인들과는 반대로 독일인들을 개념이 없는 석학(碩學)들로 간주하는 것은 잘못된 것일 수 있음을 덧붙인다. 독일인들의 연구 업적과 관련하여 그는 다음과 같이 기술

한다. "이것은 상상력에 대한 매력 때문에 일시적인 기분에 의해 만들어진 문학적인 독창성이 아니다. 이것은 연구 업적의 아름다운 외관과 예술적인 구조로 환심을 사려고 한 체계들과 이론들이 아니다. 이것은 과학적인 특성의 개념들인 것이다."[14]

대학의 커리큐럼에서 자치권을 갖는 역사학과는 문학으로부터 떨어져 나와 자신의 발전을 생각해야 하며, 같은 방법으로 특별학업 과정, 같은 시간에 구성되어 있는 철학에도 등을 돌려야만 한다. 역사학과는 방법학파에 의해 할당된 특별한 학문으로 간주된다. 고증학적인 영감(靈感)과 실험 학문들에 반대되는 간접적인 인식일 뿐인 역사 인식의 절차들에 따라 출처를 고증해야 하고, 진실의 정당성을 인증해야 하는 근심을 되찾게 된 랑글루아와 세이뇨보는 역사학에 대한 규칙들을 함께 정의한다. "사람들은 우선 문헌을 관찰한다. 그 문헌이 쓰여졌을 때 그것은 어떠했는가? 그것은 언제부터 훼손되지 않았는가? 사람들은 문헌의 출처를 규정하고, 필요한 경우 문헌의 원본 그대로 복원하기 위해 그것이 어떻게 만들어졌는가를 연구한다. 문체·언어·형태·출처 등에 관한 첫번째 사전 연구 그룹은 '외적 고증(critique externe),' 혹은 고증학적인 연구를 보여 주는 고증의 특별 영역을 구성한다. 계속해서 '내적 고증(critique interne)'이 이루어진다. 즉 대부분 일반 심리학에서 빌려 온 유추에 의한 추론 방법에 따라 내적 고증은 문헌의 작가가 경험했을 심리학적인 상태들을 나타내려고 애쓴다. 문헌 작가가 말했던 것을 알고 있는 사람들은 의문을 제기한다.

1) 그가 이야기하고자 했던 것은 무엇인가?
2) 자신이 말한 것을 그는 믿었는가?
3) 자신이 믿었던 것을 믿게 할 충분한 근거가 있었는가?"[15]

방법학파의 역사학자들은 우리가 인정했던 순진한 사람들은 아니었다. 우리는 더 이상 그들이 문헌을 맹목적으로 숭배했다고 말할 수 없으며, 그들이 역사가의 주체성에 대한 타당성을 부정했었다고도 말할 수 없다. 역사학자 앙투안 프로스트가 잘 밝히고 있는 것처럼, 그들은 역사란 하나의 구조물이라는 것을 충분히 인식하고 있었다.[16] 단순히 방법학파는 역사가 자신의 주체성을 제어하고, 구속하는 능력 안에서 역사가의 위대함을 발견했다. 그러나 역사의 규율에 관한 확신은 두 가지 주목할 만한 요구 사항, 즉 금욕주의적인 기술 행위와 교육적인 근심에 기초를 두고 있는 것이 사실이다. 특히 교육적인 근심은 기술 행위로서 역사에 관한 모든 의문으로부터 연구자들을 벗어나게 하려는 근심인 것이다. 그것은 문학적 근원들과 관계를 끊으면서 엄격성의 길을 찾는 역사와 관련된 것이자 결연한 선택과도 관련된 것이다. 샤를 세이뇨보는 다음과 같이 확신한다. "나는 일상적이고 단순한 언어로 이 모든 책들을 요약했다. 역사에 대한 개념과 방법 안에서의 혁신은 역사의 문체 안에 혁신이 동반되어져야만 한다고 나는 확신한다. 역사는 웅변술의 장르가 되었던 것을 매우 괴로워했다. 웅변술의 관례적인 표현들은 대수롭지 않은 장식들이 아니다. 그것들은 현실성을 감추고 있다. 어떤 대상들을 표현 양식으로 이끌기 위해 대상들에 대한 주의를 흐트러뜨린다. 그것들은 사물들을 표현하고 상황 관계들을 이해해야만 하는 노력을 약화시킨다."[17]

역사가는 단 한번만으로 상세히 기술된 사실성의 정당함을 수립한다고 간주했던 시기에 있어서 그의 임무는 달성된 것이었으며, 결국 폐쇄된 채 연구된 자료, 이것은 바로 역사가의 기술 모델이 존재하는 자연과학들의 측면인 것이다.

II

사회물리학의 야망들

1. 폴리비오스 작품 안에서의 인과성의 지배

허구적인 이야기로부터 역사 장르가 분리되도록 이끄는 진실 탐구 이외에, 고대 이후 역사가들이 열중한 것은 바로 대혼란에 대한 해석 연구이자 설명적인 정돈을 시도하는 것이다. 기원전 2세기 폴리비오스 이래로 역사는 실제적으로 너무나 자주 원인에 관한 연구와 동일화되었다. 폴리비오스는 왜 그가 전쟁과 강제수용의 비극을 겪었는지를 이해하게 되는 대상이 될 것을 자처했다. 마케도니아의 지배하에 있는 그리스 아르카디아의 소도시인 메갈로폴리스에서 태어난 폴리비오스는, 로마 원로원이 로마에 강제수용하기로 결정한 아카이아 지방 명사(名士)들 무리에 속하게 된다. 이는 이 지역을 로마 제국에 종속시키기 위해서였다. 폴리비오스는 로마에서 외국인으로, 그리고 패배자로서 이러한 통치의 이유를 이해하려고 노력한다. 3분의 2가 사라진 그의 거대한 작품인 《역사》는 다음의 중심적인 질문에 의해 완전히 활기를 띠게 된다. "어떻게, 어떤 정권 덕택에, 전례에도 없는 일로 로마 제국은 사람이 사는 거의 모든 지역으로 통치의 영역을 확장할 수 있었으며, 그러한 통치가 53년간이나 계속될 수 있었는가?"[1] 이 질문에 대답하기 위해 폴리비오스는 자신이 태어난 곳인 쇠퇴해 가는 그리스 문화와, 자신의 능력에 대해 강한 옹호자가 될 때까지 동조해 준 번성하는 로마 문화 사이를 가로지르는 태도를 적절하게 취하게 된다. 그는 이러한 여정을 통해 중간의 공간, 즉 두 세계의 연결점 안에서 자신이 살고 있는 시대의 변화를 관찰하고 분석할 수 있는 특별한 경우를 만들어 낸다. 그의 개인적인 경험과 그가 수집한 증거들은 그의 이야기의 수많은 근거가 된다.

폴리비오스의 이야기가 diké(공정함)의 지배하에 놓여 있기 때문에, 가령 우리가 역사과학의 현대적인 기준들을 그에게 적용하는 시대착오를 피해야 한다 할지라도 그때까지와는 사뭇 다르게, 폴리비오스는 역사적인 소재를 정돈하는 방법상의 문제들을 심사숙고했다. 그에 따르면 역사는 방정식을 풀어야만 하고, 원인을 설명하는 요소들을 제공하고, 관찰된 현상의 원인들을 등급화하고, 단순히 표면적인 그림이 되거나 예기치 못한 사건들의 단순한 열거가 되는 것을 피해야만 한다. 역사는 감정 안에서 잃어버린 것을 명확함 속에서 얻는 것이며, 권장되어진 절대보편적으로 옳은 방법은 등급화된 증거들의 체계에 따라 증거에 모든 것을 종속시킨다. 폴리비오스는 역사 해석의 첫번째 조건으로 원인에 관한 설명을 제시한다. 그는 자신의 저서 《역사》의 제3권에서 원인들에 대한 일반 이론[2]을 만들어 내는 데 전념한다.

사람들은 오랫동안 전쟁 발발과 함께 포에니 전쟁의 원인들을 혼동하였다. 반면 폴리비오스는 혼동이 아닌 연속의 관계 속에 있어야만 하는 세 시기, 즉 전쟁의 원인·구실·시작을 분리하고자 한다. 폴리비오스는 원인들이 주지주의적이고 심리적인 개념 안에서 행동보다 앞서 일어나는 정신 작용의 결과물이라고 주목하고, 물리적이거나 물질적인 순서의 현상들은 원인들로 여겨질 수 없다고 간주한다. 자연 현상들에 반대되는 원인들은 이해력에 밀접하게 종속되어진 의지·이유·창조적 상상력의 영역에 속한다. 폴리비오스는 다음과 같이 설명하고 있다. "나는 우리의 선택과 토론의 시초가 되는 것을 원인들이라고 칭한다. 다시 말해 정신적인 경향들, 생각들, 그리고 그것들이 우리 안에서 불러일으키고 우리가 그것들로부터 해결책을 취하고, 계획들을 구성하게 하는 성찰들이다."[3] 그는 전쟁이 일어나는 현상을 명확한 분석을 통해 세 단계로 분리한다. 즉 전투 준비를 유발하는 동기들에 대한 연구, 전쟁 당사국들에 의해 내세워진 이유들과 동기들에 대한 검증, 그리고 전쟁의 기회 원인들에 대한 설명이 바로 그것이다. 폴리비오스는 우연성으로부터 빠져 나오기 위해 원인 탐구를 사용한다. 원인 탐구는 초월적인 행운의 여신의 원리, 혹은 로마법의 내재적인 원리처럼 제한된 수의 주요 동인(動因)들을 진술한 이야기를 더욱 공고히 하면서 보편적인 것을 추구한다. 이러한 단일 구조는 겉으로 보기에는 틀이 잡히지 않은 다양성 안에서 논리적인 일관성들을 밝혀내게 해주며, 시간의 일치만큼이나 연속성들을 잘 확립할 수 있게 한다.

2. 역사의 법칙들

계몽주의 시대인 18세기는 철학자들에 의해 실행된 역사의 순서에 대한 연구의 다양성을 보게 된다. 실험과학인 자연과학의 모델로부터 영감을 얻은 몽테스키외와 마찬가지로 역사가들은 철학자가 된다. 몽테스키외는 기계물리학만큼이나 엄격한 일반 법칙들을 공식화하기를 바라며 엄격한 역사적 결정론의 지지자로 남게 된다. 그는 다음과 같이 주장한다. "인간을 지배하는 것은 여러 가지가 있다. 기후·종교·법·정부 정책·과거 사례들·풍습·예의 범절. 여기로부터 산출된 일반 성향이 생겨난다. 각각의 국가 안에서 여러 원인들 중 하나가 강력한 힘으로 작용하게 됨에 따라 나머지 다른 것들은 그만큼 양보를 하게 된다. 자연과 기후는 거의 유일하게 미개인들을 지배하고, 예의 범절은 중국인들을 지배하며, 전제적인 법들은 일본을 지배하고, 풍습들은 한때 스파르타에서 모범을 보이고, 정부의 정책들과 과거 사례들은 로마 안에서 모범을 보인다."⁴⁾ 인간 사회에 내재적인 법칙들을 연구한 몽테스키외는 관찰자에게 제공된 현상의 다양성을 제한된 수의 유형으로 구성하기 위해 《법의 정신》이란 책을 완성한다. 이 유형학은 인류 역사를 이해하기 쉽게 해준다. 권력 실행의 방법과 각각의 정부가 영속하기 위해 필요로 한 원리를 두 개의 기준으로 삼은 그는 세 가지 정치 통치의 유형을 구분한다. 즉 일반화된 두려움인 공포감 위에 기반을 둔 독재 정치, 미덕에 기반을 둔 공화제, 그리고 명예 위에 기초를 둔 군주 정치가 바로 그것이다. 원인에 대한 체계를 사법 공간 안에 위치시키면서 종교로부터 분리시켰다는 공적 이외에도, 몽테스키외는 인과성의 구조들에 의해 활기를 띤 커다란 시스템 속에 현실을 한정시키려는 야망을 구체화했다.

볼테르 역시 역사가로 활동한다. 《역사에 대한 고찰》·《루이 14세 시대》 이외에도, 그의 위대한 역사서 《풍속론》에서, 그는 세상의 모든 국민들과 사건들의 모든 순서들을 통합하면서, 샤를마뉴에서부터 루이 13세까지 인류의 과정을 다시 만들어 내고자 한다. 몽테스키외처럼 볼테르는 어떤 수많은 원인들은 역사라는 작품

속에 속하는 것이고, 사실만을 기록하는 사람의 대혼란으로부터 빠져 나와야만 한다고 주목한다. 볼테르에 따르면, 인간 성향에 영향을 끼치는 세 가지 요인은 기후·정부·환경이다. 세상의 불가사의한 일에 대한 해결책을 찾을 수 있는 곳은 바로 이 세 가지 요소가 교차되어 있는 곳에서이다. 인류의 통일성을 건설하는 것을 중시하고, 자신의 영역을 방해하는 특이성과 또 다른 세부 사항들을 단념하는 것이 새로운 역사가가 해야 할 일이다. 볼테르는 "당신은 결국 로마 제국의 멸망 이래로 현대 역사가 당신에게 야기시킨 혐오를 극복하길 바라고, 땅을 황폐하게 하고 주거지를 차지하고 있는 국가들의 보편 사상을 되돌려 주길 바랍니다. 당신은 당신이 마땅히 알려야 할 것, 알아야 할 사실들을 뒷받침하는 정신·풍습·주요 국가들의 좋은 예법을 이 무한한 공간 안에서 찾고 있을 뿐입니다"[5]라고 말하였다. 볼테르가 모든 문명들을 통합하려고 시도한 총체성은 그에게 인간 정신의 발전 과정을 그릴 수 있게 해준다. 그러므로 서양의 계몽주의는 최상의 세계를 향한 다원적 문명들의 행보를 밝혀 준다.

과학만능주의의 신념을 겸한 목적론적인 이 영역은 18세기 콩도르세의 저서《인간 정신의 진보에 관한 역사적 개관》에서 절정에 이르게 된다. 그는 이 책 안에서 반계몽주의에 대항한 과학의 투쟁을 서술하고, 공동의 행복으로 단호히 나아가는, 구속으로부터 해방된 인종의 영역을 규정한다. 이러한 낙관적이고 연속적인 관점 안에서 콩도르세는 '사회적 수학'의 용량과 역사의 일관성들을 강조하기 위해 사회적 수학이 허용하는 확률론에 중요한 자리를 부여한다.[6] 사회적 수학의 전개는 환원주의적이고 인과 관계의 방식을 포함하고 있다. 한편 콩도르세는 각각의 사람은 자신이 믿는 것에 따라 행동하고, 이러한 믿음은 믿어야 하는 이유들로 귀착될 수 있으며, 이러한 이유들은 가능성으로 귀착될 수 있음을 전제로 한다. 미셸 드 세르토는 "그러므로 각각의 사람은 자신의 예측에서 벗어나 막대한 손실, 즉 선택의 사회적이고 심리적인 모든 복잡성을 남겨둔다"[7]라고 하였다.

18,19세기 중반 역사의 바람이 새로운 사회를 세우기 위해 불고 있을 때, 사상가들은 매우 이성적인 논리학 안에 그들의 존재를 새기면서 인류의 미래에서 의미를 찾는다. 사상가들 이후, 칸트·헤겔·마르크스는 자유를 위해 진행중인 전쟁들의 배경을 이해하는 것처럼 인류의 모든 역사를 이해했다. 그러므로 현실은 이성적일 뿐이고, 이성은 단지 역사 안에서 구체화될 수 있을 뿐이다. 목적론적인 모든 관점은 더 많은 발전과 더 많은 투명성을 향한 인류사의 계속적인 흐름의 주변을 따라 절실히 요구된다. 이러한 역사의 철학은 사회 경험의 다양한 단계를 통한 작업을 위해 이성의 개념 속에서 절대적인 신임에 의해 활기를 띠게 된다. 역사 논리학은 개인들도 알지 못하는 사이에 만들어진 게 아닌데도 역사논리학 고유의 책략에 따라, 개인들에게서 벗어난 필연성에 따라 전개된다. 헤겔에 따르면 "각각의 개인은 세상을 경작한 절대적인 필연성의 사슬 속에 눈먼 고리인 것이다."[8]

3. 과학만능주의의 도취: 구체화된 사회 문제

절대적인 모델이 되는 기계물리학의 성공에 극명하게 매혹된 역사학과는 19세기 전체를 통한 과학적인 모험 속에 열정적으로 참여한다. 이폴리트 텐은 자연과학들과 역사성의 유사함을 극단으로까지 몰고 간다. "물리학적인 사실이든 도덕적인 사실이든 상관없이, 사실들은 항상 이유들을 가지고 있다. 이것은 소화 작용·근육 운동·체온에 관한 것처럼 야망·용기·진실에 관한 것이다. 선과 악은 설탕과 황산염 같은 결과물이다."[9] 마르셀랭 베르텔로의 자극을 받아 발달된 경험과학들의 발전과 클로드 베르나르의 발견에 힘입은 자연주의의 분위기는, 인과 관계를 찾는 것이 과학성에 대한 절대적인 기준이라는 생각에 상반되는 역사가의 이야기에 영향을 끼친다. 곤충이 탈피 직전에 있는 것처럼, 텐이 역사가로서 자신의 주제 앞에 존재함을 주장할 때, 그의 과도함이 그를 어쩔 수 없는 한계성에 도달하게 한다 할지라도, 시대의 근심은 현실을 엄격한 수많은 결정들 속에 가두는 것이다.

이러한 관점은 매우 짜임새 있고 계층화된 지식의 나무에 대한 오귀스트 콩트의 실증주의 계획안에 있는 철학적 구상에 나타나 있으며, 그는 인종의 사회적 발전을 주재하는 법칙에 대한 연구 안에서 과학적인 목표를 역사로 한정하길 바란다. 오귀스트 콩트의 제자인 루이 부르도는 '이성발달과학'[10]으로서 과학-역사를 옹호한다. '완전한 역사(histoire totale)'의 지지자인 그는, 역사의 사실(史實)만을 기록한 부분을 단념한 채 가장 본질적인 것으로 간주되는 대중 현상들로 향한 역사 연구의 변화를 격찬한다. "가장 유명한 사건들을 배제하지 않고, 각 사건의 배경에서 사람들은 돌이킬 수 없는 편협함을 발견한다. 사실들에 대한 전체적인 일관성과 일반적인 순서를 주시하는 사람에게 있어서, 어떠한 특이한 사건도 연구해야 마땅한 것처럼 보이지는 않는다. 인간사의 망망대해 위에서 하나씩 사라지는 것, 그것은 바로 물결의 파동들이다."[11] 사람들은 여기 부르도의 문장 안에서, 거품의 자리로 보내진 사건의 하찮은 부분을 이야기하기 위해 훗날 페르낭 브로델이 가장 많이 사용한 은유를 발견한다. 제도상의 계획으로부터 소외된 몇몇 일련의 역사가들이 역사에 대한 강한 과학적 야망을 주장한 것도 바로 이러한 문맥 안에서이다. 생트준비에브 도서관의 책임자인 샤를 모르테는 1894년 《역사과학》을 출간하는데, 이 책의 목적은 사회 변화의 자연적인 경향들을 밝히는 것이다. 더 많은 반향을 불러일으킨 실증주의 모임들의 회원인 폴 라콩브는 같은 해에 《과학으로 간주된 역사》를 출간한다. 그는 이 책에서 경제학의 다원결정을 옹호하고, 근본적으로 비과학적인 것으로 간주되며, 그가 과학적인 방식에 대치시킨 유일한 고증학적 연구에 속하는 단 하나의 사실을 다시 내던진다.

그러나 학자에게 속한 의무로서 원인의 체계들을 찾아야 하는 하나의 사물로 간주된 사회, 즉 사회물리학의 건설이라는 측면에서 역사가들의 방향을 근본적으로 바꾸게 한 것은 특히 뒤르켐의 사회학이다. 19세기말에서 20세기초에 주조를 이룬 사회학은 지리학자·역사학자·심리학자들에게 사회적 인과성의 개념에 대한 서비스를 제공한다. 오로지 사회과학을 대표할 것을 주장하는 이 사회학의 인식론적인 원리들은, 첫째로 학자들이 그들의 선입견(a priori)을 벗어던진 것으로 간주된 방법의 객관주의 위에 기초를 세웠고, 둘째로 대상의 현실성 위에, 그리고 마지막은 유일하게 효과적인 것으로서, 사회적 사실을 유일한 사회학적인 인과성으로 축소할 수 있는 해석의 독립성 위에 기초를 세웠다.

고무적인 몇몇 징후들과 발전을 고무시키는 분위기에 힘입은 뒤르켐의 사회학자 프랑수아 시미앙은, 1903년 앙리 베르의 잡지

《역사종합지》에 발표한 공격적인 어조의 논문 〈역사 방법과 사회 과학〉을 통해 역사가들에게 도전한다. 그는 사회학이 반복적이고 규칙적이며 안정적인 현상들에 접근할 수 있으며, 그것으로부터 법의 존재를 추론할 수 있는 반면, 역사는 과학적인 것은 아무것 도 없고, 근거도 없으며, 우발적인 현상들을 묘사해야 하는 인식 의 단순한 방식이라고 비난한다. 특히 시미앙은 역사학자들의 세 가지 우상을 규탄한다. 첫째 정치적 우상, "다시 말해 주된 연구 혹은 적어도 정치적 역사, 정치적인 사실들, 전쟁 등에 대한 끊임 없는 집착인 이것은 극단적인 중요성을 이러한 사건들에 부여하 게 된다."[12] 둘째 개인적인 우상, 혹은 "사실들에 대한 연구로서가 아닌 개인들의 이야기와 같이 역사를 표현하는 만성적인 습관으 로, 제도, 사회 현상, 성립해야 할 관계에 관한 것이 아닌 일반적 으로 인간에 대한 연구와 업적들의 순서를 바로잡도록 이끄는 습 관이며,"[13] 마지막으로 연대순의 우상, "이것은 다시 말해 근원들 에 대한 연구 안에서 사라지는 습관이다."[14] 결국 시미앙은 사회학 자들에 의해 생성된 비평 방식을 사용하는 것에 대해 오로지 관심 을 갖고, 경험적 실행 방법을 대신하여 원인 연구로 방향을 바꾼 개혁적인 몇몇의 역사학자들을 사회학에 가담시키기를 바란다.

4. 아날학파에 의한 뒤르켐 프로그램의 획득

프랑수아 시미앙의 주목할 만한 이 글은, 구조주의자들의 도전 아래 역사가들이 그들 고유의 프로그램으로 만들기 위해 뒤르켐 사회학자들의 교과목을 오래 전부터 흡수했다는 사실을 알리기 위해 1960년 《아날》에 발표되었다. 실제로 마르크 블로크와 뤼시 앵 페브르가 지휘하는 《경제사회사 연보(年報)》라는 잡지가 창간된 해인 1929년부터 뒤르켐의 방침은, 단계적으로 20세기 전반에 걸쳐 아날학파의 깃발 아래 역사가들의 연합 거의 모두를 재편성한 아날학파 프로그램의 이론적인 모태가 된다. 잡지의 주관 협회는 같은 운명의 사회과학의 성공적인 이 경우를 포착의 상징으로 삼는다. 잡지를 하나의 학파로 너무나 빨리 변환시키는 이러한 성공의 가치는, 역사가들에 의해 나름대로 획득한 뒤르켐의 프로그램에 대한 역사의 추종인 것이다. 그때부터 《아날》은 역사지상주의라고 경멸적으로 규정한 역사에 대항하여 논쟁적인 어조를 취하게 되고, 독설로 가득 찬 비평란 안에서 샤를 세이뇨보를 악마화하고 우스꽝스러운 존재로 다루게 된다. 비평가 페브르는 다음과 같이 밝히고 있다. "나는 《러시아사》를 펼쳐듭니다. 《위뷔 왕》으로부터 도망친 보잘것없는 러시아 황제, 궁전의 비극들, 독직(瀆職)의 장관들, 앵무새 같은 귀족 계급들, 무절제한 황제의 칙령. 그렇습니다. 이것은 역사가 아닙니다. 내가 이 《러시아사》 안에서 찾지 못한 것, 그것이 역사입니다. 따라서 러시아 역사는 죽은 시체로 태어난 것입니다."[15]

훗날 뒤르켐의 사회학자 프랑수아 시미앙의 명령을 따르는 아날학파들은, 잡지 안에 실제적으로 있지도 않은 역사의 정치적인 모든 측면을 없애 버린다. 반대로 사회 · 경제적인 부분이 정치적인 측면을 대신하게 된다. 역사는 또한 지리학적인 연구의 영역을 점령하게 된다. 뤼시앵 페브르는 라첼[16]의 독일 지정학에 대항하여 비달[17]의 프랑스 지리학파를 지지한다. 그는 새롭게 태어나고 있는 지리학을 구성하는 매우 적절한 것으로서, 비달 드 라 블라슈의 학과들에 의해 실행된 연구 대상들의 지역적인 분할을 지지한다. 페브르는 위치·힘·공간들에 대한 개념과 함께 정리된 라첼의 정치지리학을 자신이 비난한 정치적 역사에 흡수시킨다. 페브르는 역사 영역 안에서 그가 실행하려고 한 것에 대한 예고처럼 지리학적인 영역에서의 비달의 단절을 소개하고, 이것은 아날학파 첫 세대의 역사가가 행한 가슴의 정체성 안에서 기본적인 지질역사학의 결합을 구성하는 데 유리하게 작용한다. 페브르는 "사람들은 우리의 것인 역사를 태어나게 한 것이 바로 비달의 지리학이라고 말할 수도 있다"[18]라고 강조하였다. 실제로 아날학파의 역사가들은 비달 드 라 블라슈의 제자들의 훌륭한 지리 전문 서적들(피카르디 지방에 관한 알베르 드망종, 플랑드르 지방에 관한 라울 블랑샤르, 브르타뉴 지방에 대한 카미유 발로, 동노르망디에 대한 쥘 시옹 등) 안에서, 필연으로 부여되지 않은 지리학적인 범위와 가능주의파의 행동 방식을 가리키는 역사가의 역사성 사이에 풍부한 결합의 가능성을 발견한다. 게다가 아날학파의 개혁적인 역사가들은 정치적인 제도들과는 분리되어 새로운 근원들로 개방되고, 물질적인 삶에 뿌리를 내리며 아주 오래 지속된 현상들에 새로운 주의력을 부여하는 완전한 역사를 구체화할 수 있는 가능성을 이러한 지역 공간 안에서 보게 된다.

한편 뤼시앵 페브르와 마르크 블로크는 역사가에 의한 정신 세계의 체계적인 탐구 속에 심리-역사의 초석을 세우게 되는데, 이것은 훗날 '정신 구조의 역사'라는 단어로 알려지고, 1924년 발간된 블로크의 작품 《기적을 행하는 왕들》의 기초가 된다. 다양한 사회 그룹들의 무의식적인 정신적 표현들, 집단적인 실행들을 연구하는 데 몰두한 블로크는 에콜 노르말 동창생인 그리스어 학자 루이 제르네, 중국 학자 마르셀 그라네와, 1909-1912년에는 티에르 재단 덕분에 알게 된 뒤르켐의 논문들에 의해 일찍이 영향을 받게 된다. 페브르는 한 개인(루터·라블레·마르그리트 드 나바르)을 그가 살고 있는 시대의 정신적인 도구와 비교하면서 역사심리학의 윤곽들을 그려 나간다. "결국 개인은 자신과 그의 시대가 허용하는 것이고, 사회적 환경인 것이다."[19] 페브르가 감정·사랑·죽음·기쁨·공포 등에 대한 역사를 주장한 것도 바로 그 순간이다. 실제적인 풍요는 아날학파의 제1세대에 의해 기록된 양차 대전 사이(1918-1939)의 시기로부터 이루어진다. 그러나 유일한 원인성을 탐구하기 위해 사건과 정치를 삭제한 것은, 이 역사가들이 현재 동시대의 주제들에 우선권을 부여하는 것만큼이나 중요한 것인 이 시기의 중대한 정치적 두 현상들을 이해하려 하지 않는다는 것이다. 역사가들은 실제로 1940년에 드러난 자기 비판 안에서 블로크에게 알려 줄 파시즘·나치·스탈린 현상의 측면을 지나쳐 왔다. "인문과학의 대가들, 혹은 실험실의 학자들인 우리들은 아마도 우리 학과들의 실행에 내재된 일종의 숙명론에 의해 개인 행동으로부터 벗어나게 되었다. 우리 학과들은 자연 안에서처럼 사회 안에서 집단적인 힘의 놀이를 관찰하도록 우리를 모든 것들에 익숙해지게 한다. 이것이 역사를 잘못 해석하게 한 것이다. 우리는 우리 작업실들의 두려움에 찬 무념무상 속에 칩거하기를 더 좋아했다. 우리는 항상 훌륭한 시민이었는가?"[20] 그러나 1944년 블로크가 레지스탕이란 이유로 독일인들에 의해 총살당함으로써 이러한 비판적 질문은 일시적으로 남게 된다.

5. 역사의 구조주의화

마르크 블로크와 뤼시앵 페브르의 후계자들은 아날학파의 뒤를 잇는 역사 계열, 유산 속에 그들이 속한다는 것을 강하게 표명한다. 그들은 창시적인 아버지들과 그들을 연결해 준 영속적인 끈을 구성하고 있었던 것을 중시하였다. 그러나 이 끈은 점점 더 가늘어진다. 초기 계열체와 관련된 수많은 변화들은 또 다른 사회과학과의 새로운 결합의 모습들에 따라 발전했다. 특히 변화의 학문을 건설하는 것에 대한 근심과 현재의 논쟁들을 명확히 밝혀 줄 본래의 관심은 점점 더 미약한 것처럼 보인다. 실제로 세계대전 이후, 브로델의 단계로 규정할 수 있는 새로운 시기가 시작된다. 이 시기는 우선 역사적 경제의 절대적인 이익을 위해 블로크와 페브르가 권장한 정신 구조의 역사가 소멸되는 것으로 특징지어진다. 점점 더 부동의 역사로 향한 변화를 나타내 주는 브로델의 시대는 변화에 대한 역사-과학의 세대인 제1세대의 개념과 단절한다. 1950년 스승 페브르의 뒤를 이으면서 콜레주 드 프랑스에서 그의 계획을 발표한 페르낭 브로델은 '거의 부동적인' 역사를 추진하길 바란다.

이론적인 계획에 관한 가장 전면적인 도전은 1949년부터 〈역사와 민족학〉이란 제목의 논문 안에서 클로드 레비 스트로스에 의해 역사가들에게 던져진다. 이 논문이 1958년 《구조인류학》[21]에서 다시 다루어졌을 때 뒤늦게나마 실제적인 여파를 지니게 된다. 레비 스트로스는 1903년 프랑수아 시미앙이 뒤르켐의 사회학을 위해 했던 것처럼 사회인류학에 패권주의적인 사명을 정한다. 레비

스트로스의 관점에서 이론적 모델을 세울 수 없는, 그러므로 사회의 깊은 구조에 접근할 수 없는 역사가는 어쩔 수 없이 관찰할 수 있는 것, 경험주의에 강요된다. 인류학자가 개념의 측면에 위치하고, 민족지학의 자료로부터 사회적인 삶에 대해 무의식적인 표현들에 접근하는 반면, 역사가는 의식적인 자신의 표명들을 관찰하는 것으로 귀착된다. 그러므로 인류학은 특별한 것에서 보편적인 것에 이르는 곳에서 필요에 이르는 진보를 실현한다.

페르낭 브로델은 〈역사와 사회과학: 장기 지속〉[22]이라는 제목의 선언문처럼 보이는 논문 안에서 전면적인 도전에 대응한다. 언어학자 야콥슨의 음성론의 지식들과 부르바키 그룹의 현대 수학들의 지식들을 지니고 있는 인류학의 주변에서, 역사적이고 문맥상의 모든 논리로부터 떨어져 커뮤니케이션의 학문을 만들어 내고자 주장한 구조주의자의 공격을 저지하기 위해, 브로델은 마르크 블로크와 뤼시앵 페브르의 유산을 클로드 레비 스트로스와 비교하는 것에 만족하지 않는다. 그는 1930년대의 기본적인 방향들을 바꾸면서 혁신을 일으킨다. 브로델은 그의 선배들이 했던 것과 똑같은 포착의 전략을 시도한다. 현대성과는 동떨어진 보로로, 혹은 남비크와라 인디언 사회처럼 시간이 정지되어 있는 냉혹한 사회들을 우선적으로 대상화하는 인류학에, 브로델은 역사가의 수호적인 모습 주변에서 연방을 형성한 모든 사회과학에 공통적인 언어로서 역사의 장기 지속을 비교한다. 그에 따르면 지속은 구조이고, 게다가 관찰 가능한 구조인 것이다. 그는 또한 자신의 논문[23]에서 했던 것처럼 세 단계로 묘사한 일시적인 건축물을 인류학에 비교한다. 시간은 고유의 성질을 갖게 되고, 브로델 방식의 건축물이 갖는 세 가지 도면 각각에는 특별한 거주지가 부여되어진다. 다락방 안에는 오로지 개인의, 정치의 실록(實錄)만이 위치한다. 2층에는 경제 정세의, 주기적인 경제의 상호 10년마다의 시간의 역사가 위치한다. 그리고 1층에는 지리학적인 시간의 장기 지속이 위치한다. 1층은 특정의 상(像)을 차지하고 있으며, 그것은 사실(史實)만을 기록하는 거품에 직면한 브로델식 건축의 초석을 구성한다.

구조주의자의 도전에 맞선 페르낭 브로델의 이중적인 과시는 제도상의 계획에서 성공을 이루었다. 역사는 근본적인 변화를 내포했던 변환의 대가로 사회과학의 영역으로부터 주요 작품으로 남게 된다. 언어학자들·인류학자들·심리학자들의 적극적인 제안들에 많은 흥미를 가진 지적 현황의 세대인 60년대에서 제외된 역사가들은 70년대초에 보복을 취한다. 아날학파의 역사가들은 그때를 그들의 황금 시대로 인식한다. 대중은 역사인류학 간행물들의 괄목할 만한 성공을 확신한다. 이러한 역사가의 이야기에 구조주의의 채택과 복원은 특히 《아날》 잡지의 새로운 집행부에 의해 대대적으로 조직되어지는데, 이러한 집행부는 역사인류학과 정신 구조에 관한 연구로 방향을 바꾼 역사를 위해 역사적 경제의 영역들을 단념한다. 브로델은 1969년 앙드레 뷔르기에르·마르크 페로·자크 르 고프·에마뉘엘 르 로이 라뒤리·자크 르벨에 의해 구성된 더 젊은 세대의 역사가들을 위해 일선에서 물러난다.

1971년 이 새로운 조직은 '역사와 구조'[24]에 할애된 잡지의 특별호를 발간해 내는데, 역사와 구조는 물과 불의 결합과도 같은 과거의 이율배반적인 이 두 가지 용어 사이에서 기대되는 화해를 잘 표현하고 있다. 특별호를 소개한 앙드레 뷔르기에르는 1958년

클로드 레비 스트로스가 주장했던 것처럼, 역사가들이 현실의 뚜렷한 계층을 관찰하는 것에 만족하지 않고, 인류학자들과 동일한 자격에서, 감춰진 의미, 집단 실행의 무의식에 대해 의문을 제기한다는 사실을 증명할 수 있는, 매우 온건한, 개방된 구조주의를 채택할 것을 역사가들에게 권장한다. 뷔르기에르에 따르면 "소수의 구조주의는 역사로부터 떨어져 있고, 대다수 구조주의는 역사로 되돌아온다."[25]

역사가들과 인류학자들 사이의 진심어린 화합은 역사 이야기를 인류학화한 덕분에 70년대 초반에 명백한 것처럼 보인다. 역사가들은 영구불변의 역사의 즐거움 속으로 빠져들고, 사료 편찬은 동일한 것에 대한 안도의 이미지와 관련하여 다른 것(Autre)의 형상을 중시한다. 그때까지 인류학자들에 의해 열대 지방에서 연구되어졌던 다른 것, 차이는 역사가들이 탐구해야 할 대상이 된다.

구조주의적인 역사를 권장한 아날학파의 역사가들은 구조적인 모델을 포착하면서, 그리고 더 이상 특수한 도표로 표시된 것이 아닌 법칙 명제의 학문을 역사로부터 만들면서 에밀 뒤르켐이 사회학자들을 위해 실현하기를 바랐던 인문과학의 연맹을 성공시키려는 야망을 드러낸다.

역사가가 만든 이러한 이야기의 구조적인 풍요의 첫번째 효과는 분명히 거의 정지 상태가 된 시간성의 지연이다. 사람들은 오로지 반복되고 재생산되는 것에 관심을 두기 위해 부대 현상이나 장황한 이야기를 드러내는 것으로 간주되어진 사실(史實)만을 기록하는 것을 내던진다. 시간성의 접근은 부동의 기나긴 시간대를 중시한다. 에마뉘엘 르 로이 라뒤리가 콜레주 드 프랑스에서 페르낭 브로델의 뒤를 이을 당시, 그는 자신의 취임 강의 제목을 〈부동의 역사〉[26]라고 붙였다. 르 로이 라뒤리에 따르면, 역사가는 의식적으로 혹은 주르뎅처럼 구조주의를 알지도 못한 채 구조주의를 만든다. "거의 반세기 전부터, 마르크 블로크에서 피에르 구베르에 이르기까지 체계를 세운 사람들인 프랑스 최고의 역사가들은 사실을 잘 알고 혹은 때때로 사실을 알지도 못한 채, 그러나 너무 자주 그러한 것이 알려지지도 않은 채 구조주의를 만들었다."[27] 르 로이 라뒤리는 이 공식석상에서, 레비 스트로스에 의해 신세계의 신화들에 적용되고 유사 규칙들에 적용되는 구조주의의 방법들에 대해 경탄을 표명한다.

역사가의 임무는 더 이상 역사의 가속도와 변화를 강조하는 데 있는 것이 아니라, 현존하는 평형들의 동일함에 반복을 허용하는 재생산의 요인들을 강조하는 것이다. 그러므로 세균 물질들은 생태계 안정에 결정적이고 실제적인, 설명이 가능한 요인들로서 무대 전면으로 나타난다. 르 로이 라뒤리는 "적어도 내가 연구하는 동안에는 집단적인 역사의 원동력을 생물학적 사실들 안에서는 더 심오하게, 계층들의 투쟁 안에서는 더 많이 찾아야만 한다"[28]라고 하였다. 인간은 고정 관념으로부터 벗어났다고 생각하게 되고, 변화에 대한 환상만을 갖게 될 뿐이다. 그러므로 역사의 커다란 틈으로부터 흘러 나온 모든 것은 대유행을 위해 과소 평가되는 것이다. 가령 이러한 유행(trends)이 인간들이 없는 역사의 영역에 속한다 할지라도 말이다. 다시 한 번 정복된 역사학과를 지켜본 르 로이 라뒤리는 낙관주의자적인 단평(短評)으로 그의 취임 기념 강연을 마친다. "몇십 년 동안 사회과학으로부터 절반은 총애를 잃은 작은 신데렐라였던 역사는 그때부터 다시 돌아온 탁월한 자리를 되찾는다. 역사는 동일한 것(Même)의 자리로 다른 것

(Autre)을 몰아세우기 위해 거울의 뒷면으로부터 단순히 빠져 나왔다."[29]

여러 변화에 대한 저항 속에서 자연은, 재생산만을 해내는 기계인 레비 스트로스의 냉혹한 사회와 똑같이 정지 상태가 되어버린 사회의 역사에 대한 영감의 근원이 된다. 그러므로 구조적인 프로그램은 19세기를 주도한 역사적 의지주의에 대항하여 투쟁을 다시 시작한다. 혁신적인 영역의 몰락과 재건을 위한 시도들의 점진적인 소멸 앞에서, 역사는 동일한 것과 다른 것의 공간 안에 나란히 놓인 전과 후로 나뉘어진 정지된 현재, 즉 부동 속으로 빨려 들어간다.

6. 계열(系列) 역사

60년대말, 미셸 푸코는 《지식의 고고학》에서 아날학파에 의해 완성된 인식론의 변화의 결과를 옹호하고 더 멀리 나아갈 것을 권장한다. 이때부터 브로델식 건축물의 3층을 여전히 연결하고 있었던 일시적인 단일성을 파괴하는 것이 적합하며, '분산의 공간'을 묘사하는 모든 총괄적인 통합을 포기하는 것이 바람직하다. 미셸 푸코는 독립군(群)으로서 이해된 연속성이 없는 다양한 실행들, 지식의 단편들을 반박한다. 연속성과 역사적 총체성의 대변혁은 주제가 중심에서 벗어나는 당연한 결과를 가져온다. 의식을 가진 개체, 지향성의 운반자로서 인간은 그가 중심을 벗어나거나 부재중인 이질적인 역사들의 다양성 안으로 사라진다. 일시적인 단일성은 꾸며낸, 허망한 놀이로만 나타날 뿐 더 이상 나타나지 않는다.

미셸 푸코의 저서 《지식의 고고학》의 서문은 브로델의 계승자 중의 하나인 아날학파의 제3세대가 실행한 그대로, 계열(系列) 역사에 대한 실제적인 정의를 세우고 있다. 분할된 역사는 역사적 이야기들(histoires)이 역사(Histoire)를 대신하는 곳을 절실히 요구한다. 역사가는 더 이상 현실의 전체성을 찾지는 않지만 자신의 연구 대상을 통해 역사의 모든 것을 찾는다. 유일한 시간은 무수한 이질의 시간성을 표출한다. 즉 가격의 역사, 소득의 역사, 상품 유통의 역사, 수많은 신앙 행위의 역사. 조각으로 구성된 이러한 역사 안에는 부분적인 역사 이외에 역사란 더 이상 없으며, 역사가는 자신이 연구하는 계열에 대한 서술만으로 한계를 지켜야만 한다. 역설적으로, 설사 역사가의 이야기에서 모든 역사성이 빠져나간다 하더라도 70년대 연대기 작가들의 논문들은 그 당시 승리를 거둔다. 거의 정지된 역사로부터, 최후의 조절 균형을 위해 모든 단절들과 변환들을 부정하고 불변 요소들의 힘을 보증하는 '부동의 역사'로 우리는 감지할 수 없을 만큼 이동한다.

그후로 역사는 대문자 없이 복수로 쓰인다. 끝없이 역사에 제공되는 다양한 대상들을 보다 잘 재조직하기 위해 역사는 총괄적인 프로그램을 실행하는 것을 단념한다. 미셸 푸코의 해체주의 철학에 많은 영향을 받은 역사가 피에르 노라는 갈리마르출판사에서 펴낸 〈역사들의 도서관〉이란 제목의 총서를 소개하는 글을 쓴다. "우리는 역사의 분열을 체험한다. 유럽의 특권을 오랫동안 머물러 있게 한 역사적 의식의 전세계로의 확장인 유사한 사회과학에 의해 풍부해진 새로운 질문들은, 역사가들이 과거 속에 던진 질문서를 매우 풍부하게 만들었다…… 역사는 역사의 방법들·구분들 그리고 대상들을 바꾸었다." 역사가의 영역 확장인 이 수많은 새로운 대상들은 사회과학이 보여 주었던 것만큼 수많은 도전에 직면한 역사학의 승리의 신호처럼 보인다.

1974년 '새로운 역사(nouvelle histoire)'[30]의 헌장이 출현한다. 이것이 반격의 순간인 것이다. 새로운 인문과학의 어린 싹들이 관심을 독점하던 시기 동안, 거만하게 굴었던 역사가들은 이때부터 독립적으로 행동하는 사람들의 풍부한 경향들을 독차지할 의도를 갖는다. 역사 경험의 영역을 가능한 가장 크게 확장시키기 위해 역사의 통일성과 단절한 대가를 치러야만 하는 역사를 완벽하게 쇄신하기 위해, 역사가들은 자신들의 방법을 채택한다. 이러한 단절은 가장 흔히 역사가들의 이야기의 기초가 되었던 작품에 전체적인 합리성의 헤겔(혹은 마르크스) 사상의 원리를 연루시키는 결과를 초래하게 되고, 개인 혹은 집단의 자격으로 역사의 주제로서 인간을 알고자 하는 영역을 통합했었던 것의 탈중심화를 초래하게 된다. 인간의 이러한 탈중심화는 보잘것없는 주제인 인간의 죽음을 주창한 구조주의자의 기술 행위의 중심 사상과 일치한다. 이것은 인류학자나 언어학자에게서처럼 역사가에게, 역사가는 가변적인 만큼 다루기 힘든 수량인 역사를 위해 인간을 소외시키는 범위 안에서 과학적으로 여겨지는 이야기를 추진하게 한다. 이러한 탈중심화는 본질적인 것이고, 그만큼 르 로이 라뒤리는 이것을 역사과학 안에서 실제적인 코페르니쿠스적인 전환이라고 규정한다. 역사가는 자신의 과학적인 성향을 확신케 해주는 편심(偏心)에 따라 관점의 풍부함을 판단한다. 르 로이 라뒤리는 "단지 역사가로부터 인류 전문가를 만드는 것은 역사가를 손상시키는 것이다"[31]라고 하였다.

시간성의 연속적인 접근에 의해 기반을 이룬 이질적인 시간성의 다원화는 전체성의 이념을 형이상학적인 과거로 역류시킨다. 역사적 지식의 세분화는 새로운 과학적 공간의 지표가 되고, 자크 르벨은 다음과 같이 강조한다. "경계는 더 이상 완전한 역사의 경계가 아니라 대상들을 완전하게 연결하는 건설의 경계인 것이다."[32] 그러므로 역사가 제국의 건설은 역사가의 실행의 해체를 거치게 된다. 이때부터 사람들은 컴퓨터와 함께 역사가는 과학성에 접근할 수 있을 것이라고 생각한다. 역사가는 경제·사회, 혹은 문화적 역사의 가능한 모든 대상들을 고려한다. 즉 밀 생산량·출생·결혼·사망수와, 유언서 안에 있는 성모 마리아의 기도수, 어떤 장소 안에서 범해진 절도수 등. 역사가는 곡선들을 긋고, 한계들·변곡점들을 표시한다. 르 로이 라뒤리는 다음과 같이 강조한다. "극단적인 경우에는 과학적인 역사로부터 수량을 표시할 수 있을 뿐이다."[33] 역사적 진실의 출현 장소로서 수량적인 경계는, 미셸 드 세르토의 용어들에 따르면 역사가의 '자원이 풍부한 섬'처럼 모습을 드러낸다. "결국 역사가는 수사학, 전체를 명확히 나타내는 세부에 대한 환유 혹은 형이상학적인 모든 사용법, 설득을 위한 모든 웅변술의 전략들과의 위험한 관계들 속에서 사료 편찬을 뽑아낼 수 있게 될 것이다."[34]

역사적 변화가 계속 이어지면서, 아날학파의 역사가들은 역사 단편들의 부분적인 계열들 사이에서의 불연속성들을 강조한다. 그들은 이성의 세상에 맞서 보복을 취한 미치광이·어린이·육체 혹은 섹스를 권력이 잘 장악하고 있었던 배제 안에서, 도출된 대상들의 증가를 역사적 이야기가 요구한 보편성에 대한 반론으로 독특하게 내세운다.

7. 불완전한 객관성

이러한 과학만능주의적 도취의 흐름을 거슬러 1952년 제공된 커뮤니케이션을 계기로, 철학 교육과 역사 교육간의 조정을 위한 '교육의 날'에 이루어진 발표에서 철학자 폴 리쾨르는, 역사란 혼합된 인식론, 객관성과 주관성의 교착, 설명과 이해의 영역에 속한다고 밝혔다. 시간 속에서 멀어진 동일한 것과 다른 것의 논리, 변화된 상황과 동시대 언어 사이의 대조인, "역사적 언어는 필연적으로 불확실한 것이다."[35] 구조의 제약들과 마찬가지로 할당된 몫인 사실(史實)만을 기록하는 것에 대해 고려해 볼 필요성을 주목한 폴 리쾨르는 역사가의 역할을 규정하고, 인류 탐구의 정당화와 마찬가지로 역사가의 계획의 정당화를 규정한다. "역사가가 그의 기본적인 의도를 부인하려고 하거나, 조직·힘·제도들 이외에는 더 이상 존재하지 않고, 게다가 인간들, 인간의 가치들 또한 존재하지 않는 역사의 '거짓된 객관성의 현혹(fascination d'une fausse objectivité)'에 굴복하려 할 때 이러한 주의 환기는 자명종처럼 때때로 울려 퍼진다."[36]

폴 리쾨르는 과학적인 그의 야망과 더불어 객관화의 영역과 직접성의 방법으로 과거를 소생시키길 바라는 주관적인 관점 사이에서, 사료 편찬 작업에 점점 더 강하게 호소하는 거짓된 양자택일을 인정하지 않는다. 역사는 계속적인 수정에 의해 이루어진다.

역사가는 그를 대상으로부터 멀리 떨어지게 하는 일시적인 거리 때문에 대상과 관련된 외재성에 위치하는 동시에, 그의 주관성이 연루됨에 따른 내재성 안에 위치한다. 폴 리쾨르는 투키디데스와 헤로도토스 이래로 역사가의 모든 연구를 이끄는 진실의 약속을 지배하는 법칙들을 상기시키고, 설명을 시도한 단계인 구상 작업의 첫번째 단계를 구성하는 자신의 방법론을 수립한다. 이러한 첫번째 단계에서, 역사가는 명료함의 구조들을 갖춘 체계 안에 자신의 주관성을 끌어들인다. 뤼시앵 페브르는 30년대초 콜레주 드 프랑스의 교수 취임 강의에서, 역사는 이미 구성되어지고 만들어진 것으로 간주할 것을 주장했다. 단순히 감정적인 직접성과의 관련 덕분에 획득된 과거의 필수불가결한 복원을 주장한 미슐레의 관점에 대립하여, 폴 리쾨르는 원인 관계의 탐구, 이론으로부터 출발한 논리적인 추론, 명료함의 범주로 과거를 분해하는 분석적인 관심을 강조한다. 설명과 이해는 보조적인 관점들을 제공한다.

역사가가 가지고 있는 미비한 객관성은 필연적으로 여러 단계 속에 주관성이 강하게 개입하도록 만든다.

첫째, 역사가는 명료하거나 함축적인, 그러나 하나의 혹은 여러 개의 분석 대상들과 관련하여 피할 수 없는 원인의 모든 상황 속에서 선택의 개념 그 자체로 개입한다. 또한 역사가는 사건들과 사건의 요인들을 선별하는 역할을 맡은 중요한 판단을 제시한다.

둘째, 역사가는 그가 강조하는 원인 관계들에 의해 주관적인 범위 내에서 정열을 쏟는다. 이 도면 위에서 역사가의 행위는 선택의 이유들을 설명함 없이, 선택을 실행하는 것도 알지 못한 채 행한 대체로 순진한 것이다. 폴 리쾨르는 설명 구조를 지닌 내레이션으로써 역사 이야기에 특별한 관심을 부여한 덕분에, 다양한 순서들을 가진 원인들을 해체하기 위해 페르낭 브로델의 방법론적인 노력을 근거로 삼는다.

셋째, 역사가의 주관성은 같은 것과 다른 것을 비교하는 일시적인 거리 안에 자리를 잡는다. 여기에서 역사가는 달랐던 것, 이젠 더 이상 다르지 않은 것을 현대적인 용어로 표현하고 명명해야 할 임무를 지닌다. 역사가는 자신의 현재와 다른 현재 속에 필수적인 전이를 보장하고, 동시대인들에 의해 해독될 수 있게 하기 위해 그에게 상상적인 노력을 강요하는 것인 그의 언어와 대상 사이의 일치가 불가능함에 직면하게 된다. 역사적인 상상은 다른 것에 대한 이해의 수단으로서 강력하게 움직여진다. 주관성은 객관성에 이르기 위해 필요한 뱃사공인 셈이다.

그러므로 역사의 대상에 대한 사람의 관점은 주관성을 피할 수 없게 만든다. 폴 리쾨르는 "역사가 최종적으로 설명하고 이해하기를 바란 것, 그것은 '인간들(hommes)'이다"[37]라고 강조한다. 설명에 대한 의지만큼이나, 역사가는 만남에 대한 의지에 이끌린다. 진실성에 대한 역사가의 근심을 불러일으키는 것, 그것은 그가 역사를 상세히 기술한 것들에 대한 믿음을 그토록 공유하는 것이 아니라 '또 다른 주관성으로의 이동'인[38] 일시적인 전이 속으로 다른 것에 대한 탐구를 시작하기 위해 연구를 시작하는, 거의 정신분석학적인 의미에서 과거에 대한 작업을 실행하는 것이다. 그러므로 과거 사람들의 행동과 정신적인 도구를 보다 잘 되찾기 위한, 역사가의 객관성의 영역은 그들의 주관성과 상관 관계가 있는 것이다.

III

이야기에 대한 관심

1. 수사학의 기원들

비록 역사가 점진적으로 문학적 근원들로부터 해방되었다 할지라도, 역사는 항상 수사학과 다소 명백히 관련된 부분을 가지고 있었다. 로마의 뛰어난 수사학자들로부터 교육을 받은 키케로가 우선적으로는 법률 정치에 대한 구두 변론의 방법으로 역사에 대한 새로운 기술을 옹호하면서, 공화주의 제도들을 지키기 위해 투쟁에 참가한 시기인 기원전 1세기에 이러한 소속 관계는 강하게 나타난다. 기원전 46년에 발표된 그의 저서 《웅변에 관하여》[1]에서, 키케로는 '역사란 무엇이어야 하는가'에 대해 자신의 개념을 설명한다. 그는 그때까지 로마에서 주류를 이루고 있던 연대기[2] 장르와 거리를 두게 된다. 연대기적인 선상에 정치적인 사실만을 기록하는 것에 만족한, 단순히 종적인 간략한 연대기의 기술은 그를 만족시키지 못했다. 그는 이야기를 '윤색'하지 못하는 능력 때문에 부각되지도 못한 단순한 문체로 인해, 멋을 알지도 못하는 역사의 이러한 형태를 비난한다. 역사가는 효과적인 것만큼이나 즐거운 이야기를 전달하기 위해 수사학자들의 지도를 받아야만 한다. 연대기 작가와는 반대로, 역사가는 이용할 수 있는 한 모든 수사학적인 방법을 이용하면서 그의 텍스트를 장식해야만 한다. 자신의 이야기를 윤색하는 데 몰두한 역사가는 '사건들을 장식하는'[3] 사람들 중의 한 사람이 되어야 한다.

키케로는 역사 장르를 규정하기 위해 연대기보다는 한층 더 서사시의 측면을 관찰하지만, 그렇다고 해서 그가 서사시와 차이가 있는 역사가(historia)의 이야기를 특징짓는 진실성에 대한 근심을 잊는 것은 아니다. 그러므로 역사에 대한 그의 시학은 인간 형성을 위한 도덕적인 궁극성 안에 진실 탐구의 영역이 따르는 것이다. 키케로에 따르면 역사는 "세기들의 증거, 진실성의 빛, 추억의 생명, 삶의 거장, 고대에 대한 사자(使者)"[4]인 것이다. 그는 역사 장르를 규정하기 위해 수사학의 효력에서 강한 영감을 얻는다. 그러나 그는 이야기의 두 가지 형태를 구별한다. 만일 이야기의 형태가 법정의 구두 변론 기록에 속한다면, 웅변술은 날카롭고 격렬한 형태를 대상으로 해야 한다. 반면 역사의 경우라면, 이야기는 일상적이고 폭넓은 문체 안에 남아 있어야만 하며, 규칙적인 리듬을 유지해야 하고, 까다로움을 피하면서 윤색되어져야 한다. 키케로에 따르면, 수사학의 매력을 키우는 역사에 고유한 이러한 문체론은 신성불가침의 몇몇 규칙들에 따라야만 한다.

1) 어느것도 거짓으로 이야기하지 말아야 한다.

2) 과감하게 사실적인 것 모두를 말해야 한다.

3) 편파성·호의, 혹은 증오에 대한 모든 의심을 피한다.

4) 연대기적인 연속성, 사건들의 순서를 준수해야 하므로 날짜를 언급한다.

공화제는 소멸되고, 효율성을 목표로 하고 악의 근원들을 연구하는 도덕적 분발에 찬성하여 정치적 위기는 반발을 야기시켰기 때문에, 키케로에 의해 정의된 역사의 시학은 로마의 빛나는 운명을 알고 있었다. 그러므로 역사는 도덕 재건의 도구, 교육의 근원, 작가가 되는 수단이 된다.

키케로의 기술을 따르는 계보 속에 자신의 기술 방식을 등록한 작가이자 역사가인 티투스 리비우스가 겨냥한 것도 바로 이러한 야망에서이다. 그의 저서 《로마사》에서, 그의 의도는 왜 도덕의 부패가 종국에는 승리하게 되었는가를 찾아내기 위해 처음부터 끝까지, 도시의 기원부터 로마의 역사를 이야기하는 것이다. 리비우스는 진실성에 대한 질문과 함께 경거망동한다. 왜냐하면 그는 그의 이야기들을 도덕적인 궁극성에 따르게 하기 때문이다. 그에게 있어서 작가로서의 야망이자 신화인 완전한 객관성은, 수많은 예(exempla)를 통해 로마 영혼의 도덕적 재건의 수단으로서 역사를 이용하는 영역으로 이동한다. "역사가 특히 유익하고 풍부한 것으로서 제공하는 것, 그것은 작품에 의거하여 사람들이 발견한 모든 종류의 교육적인 예들이다. 사람들은 역사 안에서 자신의 선(善)과 국가의 선을 위해 따라야 할 모델들을 찾게 되고, 역사의 결과만큼이나 원인들로 인한, 반드시 피해야 하는 수치스러운 행동들을 발견한다."[5] 로마의 초기 단계들을 미화한 리비우스는, 로마 공화국의 느린 종말을 야기했던 사회 도덕의 붕괴와 연관된 점진적인 쇠퇴에 초기 단계의 위대함을 비교하는 경향이 있다.

리비우스는 19세기 고대 로마를 연구한 가장 위대한 역사가로 간주되어질 것이다. 그의 기술 행위의 힘은 이야기의 신뢰도보다는 이야기의 문학적인 상연에 더 집착한다는 것이다. 키케로와 마찬가지로, 그는 연대기 작가의 문체론의 척박함을 유감스럽게 생각하고 그의 모든 노력을 이야기 구축에 집중시킨다. 강한 시기와 약한 시기를 교차시킨 그는 서사적인 어조로 극화된 중심적인 에

피소드들로 향하기 위한 전개 방법들에 정성을 기울인다. 리비우스는 극적인 묘사(exornatio)의 수단, 즉 이야기·담화·묘사의 수단으로서 키케로에 의해 정의된 세 가지 요소들의 방법에 두각을 나타낸다. 연대기 작가의 표준화된 모델들과는 상이한 이야기들을 위해 리비우스는 각각의 전쟁을 개별화하고, 개인의 심리를 파고 들어가면서 개인의 수많은 한계들로 시선을 집중시키는 방법을 이용한다. 그의 기술은 한니발에 의한 알프스 산맥 횡단이나 아프리카로 향한 스키피오의 출발처럼, 가장 서사적인 사건들이 불러일으키는 기쁨들과 고뇌들의 표현인 pathos(감동적 표현)에 가치를 부여한다. 그 시대에 곧잘 사용된 것으로서 그의 인물들의 장황한 연설들은 가공의 것들이며, 그 기능은 본질적으로 이야기를 극적으로 만들고, 전투원들의 다소 고결한 성격을 묘사하는 것을 목표로 한다. 묘사와 관련해 보면, 리비우스는 완벽한 묘사의 그림으로 인해 이야기를 망가뜨리기는 하지만 이야기의 극적인 전개에 대해 너무나 고심을 한다. 그는 연속적인 터치의 방법으로 이야기에 내재하는 역동적인 묘사를 행하기를 더 선호한다.

그가 행한 기술(記述)의 효과 덕분에, 리비우스의 저작은 엄청난 무질서의 시기인 그가 살았던 시대의 근심들을 강조한다. 로마에서의 성공은 그를 단번에 '매우 설득력 있는' 사람으로 규정짓는다. 과학주의에 의거한 자신의 입장과는 정반대임에도 불구하고, 텐은 1856년 《티투스 리비우스론》이라는 제목의 저서를 그에게 바친다.

로마인들이 제정으로 교체해 버린 공화정의 포기로 기록되는 기원후 1세기말, 약간의 차이가 있는 정치적 상황 안에서, 라신이 훗날 '고대를 그리는 화가'라고 규정한 타키투스는 충성(fides)만큼이나 가치 있는 웅변술(eloquentia)의 특성을 지닌 수사학에 동일한 중요성을 부여한다. 웅변술은 역사가의 기본적인 두 가지 가치들 중의 하나가 된다. 키케로와 마찬가지로 타키투스도 그의 첫 교육을 웅변가들에게서 받았다. 매우 일찍 군단 사령관이 된 그는 25세에 재무관이 되면서 화려한 경력을 시작하였다. 그러나 이러한 경력은 그의 저서 《웅변에 관한 대화》에서 밝혔듯이, 그를 실망시킨다. 그에 따르면 황제 통치[6] 위에 세워진 정치 체제는 파멸해 가고, 사법 질서에 대한 단순한 비판으로 역류하는 말재주를 더 이상 펼칠 수 없게 한다. 웅변술은 옥타비아누스가 아우구스투스의 이름으로 첫번째 로마 황제가 되었던 때인 기원전 1세기 공화제의 몰락과 함께 사멸되었을 것이다. 사람들은 정치적인 이상과 귀족의 입장을 옹호하기 위해 원로원의 행정관들에 의해 이끌려지는 귀족 정치의 가치들을 더 이상 믿을 수가 없게 된다. 그가 역사 안에서 대(大)원인들을 옹호하기 위해 그의 말재주와 취향을 펼칠 수 있는 피난처를 발견한 것은 바로 이러한 변동 상황에서이다——타키투스는 율리우스-클라우디우스 왕조를 끝내는 네로와 동시대 사람이다——그래서 그는 97년에 발표한 그의 첫번째 작품을 도미티아누스 시대에 위대한 정복자임을 스스로 찬미하는 그의 장인 율리우스 아그리콜라의 자서전을 쓰는 데 헌신한다. 《게르마니아》에 관한 그의 논문에서, 타키투스는 로마 문명의 관점에서 여전히 세련되지 못한, 그러나 자유의 매력을 가진 대중의 삶을 묘사한다. 타키투스가 실행한 거의 민족지적인 묘사 덕분에, 그는 거기에서 로마 국민이 잃어버렸던 이상적인 가치들을 재발견하게 된다. 단지 69-70년대의 위기에 대한 묘사만이 남아 있는 그의 저서 《역사》에서, 타키투스는 로마 군대의 다양한 계파들 사이에서 동족상잔의 전쟁으로 변한 네로 황제의 어려운 계승에 관한 이야기를 하고 있다. 네로의 계승자인 갈바는 실제로 매우 빨리 게르만족 군대들의 폭동을 알아차린다. 로마에서 이러한 혼란은 오토를 권좌로 이끄는 궁정의 폭동을 야기시킨다. 게르만족 군대들은 로마로 진군을 하고, 비텔리우스에게 그곳으로 승리의 진입을 허용함으로써 오토의 자살을 유발하게 되고, 그러는 동안 동로마 제국은 그의 지도자로 베스파시아누스를 주장했기 때문에 평민들은 결말과는 거리가 먼 비극적 광경에 속수무책으로 참여하게 된다. 타키투스는 이 기나긴 위기의 이야기를 통해 만일 모든 길이 로마로 연결된다면, 로마 제국의 방향은 제국의 행보 속에서 또 다른 영역들을 침범한다는 교훈을 이끌어 내고자 한다.

그러나 타키투스의 위대한 작품은, 내부적으로는 위선적이고 피비린내나는 전제 정치로 숨막히고, 국경 지대에서는 침체로 인해 숨막히는 배경 속에서 로마 국민에 대한 총체적인 연대기이기를 바라는 그의 저서 《연대기》에 의해 구성된다. 그가 로마의 중심적인 참상을 설정한 것은 바로 아시아의 지방총독으로 있었던 때 겪은, 정복에 대한 이상을 앗아가는 비극적 사건 안에서이다. 로마 제국은 정복으로 살아가지만, 이것은 항상 더 멀리 떨어진 것이고, 더 위험한 것이다. 제국은 종속된 지방들을 파괴하고 향락과 음욕의 유혹들에 굴복하며 그 자신을 탕진한다. 난폭함과 위선 모두가 일반화된 비열의 증상들인 티베리우스[7]와 같은 지도자들이 묘사한 난폭한 힘은 권리와 정도(正道)를 이겨낸다. 타키투스는 로마의 이러한 비극적인 운명을 극화한다. 여기에서 중죄는 왕이 되고, 초자연적인 힘은 아그리피나 암살의 경우처럼 무조건적인 폭력에 가시성을 주는 데 기여한다. 타키투스는 다음과 같이 밝힌다. "신(神)들은 중죄를 언도하기 위한 것처럼 잔잔한 바다와 함께 별이 빛나는 고요한 밤을 제공한다."[8] 키케로의 계보 안에서 타키투스는 표현 예술 위에 기초를 세운 장르인 Opus oratorium (웅변술의 작품)으로서 역사를 이해한다. 키케로와 마찬가지로 그는 역사는 진실을 위한 것이고, 원인과 효과들에 대한 견고한 분석을 이용하여 풍습을 교정하는 역사의 능력 덕분에 존재의 이유를 찾는다는 사실로부터 허구와 역사를 구별한다. 타키투스의 역사적 시학은 키케로의 위대한 교육 내용들에 충실하게 남아 있다. 그것은 연대기적인 순서의 존중, 필요한 지리학적 정보들의 보급, 사건 관련자들의 의도에 관한 설명, 중요한 사건들에 대한 이야기와 그 원인에 대한 연구, 뛰어난 명성을 누렸던 인물들의 삶과 성격을 예로서 제공하려는 의지가 바로 그것이다. 반대로 그의 저서 《연대기》에서 보여 준 문체는 키케로에 의해 요구된 문체와는 다른 것이다. 타키투스는 독자를 놀라게 할 의도로 더 풍부하고, 예기치 못한 사건들로 가득 찬 격렬한 기술 방식을 사용함으로써 키케로가 만든 고요한, 규칙적인, 정해진 이야기와 대조를 이룬다. 그는 무엇보다도 독자 감정에 호소하고, 동시대인들의 상상력에 호소하는 즉각적인 효율성을 목표로 한다. 그러므로 그는 공포·동정심, 혹은 경탄의 감정들을 불러일으키는 몇몇 천연색색의 훌륭한 그림들에 몰두하기 위해 이야기의 연대기적인 논리성을 자주 희생시킨다. 이러한 역사적 시학은 pathos를 강조하고 있으며, 여전히 서사시에 매우 근접해 있다.

타키투스의 이야기들은 특히 구조화된 것들이고, 웅변술의 규칙들을 따르는 그의 이야기들은, 타키투스가 비난하는 인물들이나 결정들에 근거를 두고 있을 때조차도 설득력이 있었다. 타키투스의 모든 이야기의 기초가 되는 수사학적인 근심은 위선의 다양한 형태들, 군중들의 불안정함, 풍습의 변화를 고발하고, 인간들의 복합성의 의미와 18세기초 이탈리아 철학자 비코가 "그리스인들에게 플라톤은 있었지만 타키투스는 없었다"라고 쓰게 될 효과적인 관점에서, 묘사 속에 도덕적 가치들의 찬양을 앞세울 것을 목표로 하는 지혜의 탐구를 위한 것이다.

2. 기사도 세계의 묘사

역사적 기술이 필사생 수도사들이 성인들의 작품을 베끼면서 전통을 유지하는 데 한계를 느끼게 되는 수도원들의 필사실(筆寫室: scriptoria)을 떠나기 시작하면서, 사람들은 중세 이야기 안에서 이러한 이야기에 대한 동일한 관심을 다시 찾는다. 14,15세기경 역사가들은 도시의 길을 택하고, 엄격한 연대기적인 순서 안에서 사건들을 주목해야 하는 규칙을 지닌 이미 오래 된 연대기의 장르와 다시 관계를 맺은 왕족 강의들의 길을 택하게 된다. 그렇지만 중세기말의 연대기 작가들은 이야기를 장식하고자 하는 그들의 근심 때문에 장르를 풍부하게 만든다. 단순한 일력(日曆)에 만족하지 않은 그들은 몇몇 의미심장한 일화들을 개발하고, 인과 관계를 연구하며, 14세기 연대기 학자 프루아사르가 강조한 것처럼 '소재를 역사화하기' 위해 수사학적인 규칙들을 이용한다. 프루아사르에 따르면, 연대기 작가는 그의 관중들을 만족시켜야 하기 때문이다. 그러나 본질적으로 사향길에 접어든 전쟁 귀족들로 구성된, 쓰지도 읽을 줄도 모르는 궁정의 청중은 자신의 위엄과 사회적 특권의 위치를 나타내는 공적을 갈망한다. 연대기 작가는 귀족의 희생, 후한 인심을 강조하고, 군사적 공적들, 축제 외교적인 위대한 행동들과 향연들에 대한 계속적인 장면을 제공하는 귀족의 가치들을 선전해 주는 사람으로 보여진다. 교훈적인 목적 안에서 프루아사르는 차세대들에게 자신의 이야기를 핑계삼아 기사도적인 명예의 규범 규칙들인 싸움에서의 용맹, 무한한 너그러움, 기분전환의 사치들을 보여 준다. 용맹성과 충성심을 찬양하는 시대의 분위기를 보여 주기 앞서, 그는 도시 안으로 왕이 들어오는 장면, 토너먼트식의 시합들, 기사들 사이에서의 다양한 대립의 형태들과 같이 특별한 장면들을 극화하는 방법들을 중요시한다. 사실적인 진실성은 이야기의 효과를 위해, 극적인 미(美)를 위해, 독자에게 기대한 효과들을 위해 종종 희생되어진다. 그렇다 하더라도 그가 만들어 낸 그림은 종종 변형된 거울의 뒷면에서 그가 쓰고자한 기사 계급 세상에 대한 올바른 관점의 묘사를 제공한다.

국가의 절정 시기인 또 다른 상황에서, 1489-1498년 사이에 쓰여진 《회상록》의 작가 코민은 샤를 르 테메레르 공작, 그리고 루이 11세를 위해 줄곧 특권을 누린 증인이 된다. 왕은 그에게 물질적으로 보상해 주고 자신의 시종 및 조언자로 삼는다. 그는 실용주의 정치 개념의 옹호자이다. 그의 저서 《회상록》은 16세기 샤를 캥에 의해 '제왕의 애독서'로 규정되어지고, 그의 모든 역사 기술은 여러 개의 이항(二項) 구조로 구성된다. 기준이 되는 것은 왕권 결정의 도덕적인 특징이 아니라 손실을 최소화하고 흥미를 극대화하는 왕권 결정의 효력이다. 그러한 관점에서, 《회상록》의 저자인 코민에게 루이 11세는 가장 전문적이고 가장 경제적이며 가장 근대적인 정치의 예를 제공한다.

코민에 따르면, 역사는 이 세상 귀족들의 수완과 처세술을 폭로하는 도구인 것이다.[9] 이러한 시각에서 그의 기술은 현실주의를 길러낸다. 그는 독자에게 자신을 매개로 하여 귀족들 주변에 존재한다는 인상을 주기 위해 묘사를 증가시킨다. 단순하게 기억들을 재현하는 것처럼 보이는 이러한 상세한 설명들은, 역사가가 부르고뉴 공작의 비밀들을 '창문을 끼우기 위해 파낸 구멍'[10]을 통해 들었을 때처럼 결코 진실성에서 멀어지게 하지 않으며, 부분적인 논증 안으로 빠져들지도 않게 한다. 코민은 자신의 개인적인 의견이 읽혀지도록 하면서, 그것을 은폐하기 위해 다수의 수사학적인 방법들을 사용한다. 그는 타인의 판단을 다시 만들어 내기를 좋아하고, 그가 어떤 사건들을 강조하고자 할 때면 수집에 의한 것이든 열거와 반복에 의한 것이든 상관없이 실행하면서 독자를 확신시키기를 좋아하며, 혹은 반대로 언급된 사건에 의해 방해를 받을 때면 완서법(緩敍法) 또는 완곡어법을 사용한다.

자신의 이중적인 경험에 힘을 얻고, 샤를 르 테메레르 공작과 루이 11세의 대립된 원인들을 연달아 제공했던 코민은, 자신이 취해야 할 결정들의 대체적으로 모순적이고 복합적인 특징을 헤아려 보기 위해 유리한 입장에 있게 된다. 그의 개인적인 경험은 중간적이고 타협적인 결정을 도출해 내기 위해 실제로 상대방의 관점을 중시하도록 그를 교육시켰다. 이러한 모순들을 부정하기는 커녕, 그는 단축 시구 형태들, 불연속성, 혹은 경험의 복잡한 횡단의 우여곡절들을 동반하는 얽힘의 증가를 사용하는 그의 진술들 속에서 변함없는 다양성을 이용하면서, 모순들을 재현하기 위해 수사학적인 방법들을 사용한다. 그러므로 그는 놀람의 효과, 눈길을 끄는 새로운 전개들을 간직하길 선호하고, 순간적인 감정들과 비장감 전달에 이야기를 종속시키며 연대기적인 이야기와의 단절을 주저하지 않는다.

3. 낭만주의 심미관

이야기에 특별한 관심을 기울이게 되는 또 다른 순간은, 1815년 왕정 복고 이후 프랑스 혁명이 끝나는 시기에 위치한다. 역사는 혁명기에 관한 여담을 끝내기를 바라는 사람들과, 평화를 되찾은 프랑스 안에서 혁명에 대한 여러 개의 기득권을 안정시키기를 바라는 자유주의자들 사이에 대결의 주요 장소가 된다. 더 오래 된 과거와 화해하면서 불연속(1789)을 어떻게 생각하는지, 변화에 의해 재해석된 전통의 끈들을 어떻게 다시 꿰매야 하는지를 알고자 하는 의문이 그 당시 날카롭게 제시된다. 1815년 당시의 정치적 상황은 전투적인 사료 편찬 논쟁의 배경이 된다. 학식이 있는 사람들 대부분은 귀족주의 반동파의 지지자들이다. 이들은 여담을 끝내기를 바라고 제3계급에 직면한 귀족 계급의 권리들을 다시 적법하게 만들기 위해, 프랑스의 게르만 근원들에 관해 다룬 역사가 불랭빌리에의 논문들을 그들 나름대로 다시 채택한다. 이들과 관련하여 볼 때 자유주의자들은 혁명주의적이고, 다른 세대와 차이가 있는 새로운 세대로 자처하게 된다.

이 역사가들은 혁명 사건을 알지 못했다. 1815-1820년대에 그들 대부분은 25세 가량이었고, 따라서 그들은 거리를 두고 혁명을 지켜본 첫 세대들이다. 이들은 실행된 단절을 자각하고, 혁명의 기득권을 지키기 위해 고심하며, 균형잡힌 정치 체제를 강화하기 위해 1789년의 단절보다 더 오래 된 과거와 다시 관계를 맺으면서, 국가의 과거 속에 정치 체제의 뿌리를 내리고, 혁명의 대변화들을 받아들이면서 체제의 적법성을 찾아야만 한다는 것을 확신하는 그러한 사람들이다. 과격 왕정주의 석학들의 방식으로는 의미가 없는 단지 사실적인 역사 기술과, 계몽주의 철학 역사의 방식으로 사실들이 없는 역사의 의미를 기술하는 것, 두 가지 모두를 부정하는 이 세대는 국가의 구조 속에서 역사적인 통합을 조직하는 틀을 찾는다. 이 역사가들은 중간 계층의 편에서 혁명으로부터 얻은 기득권 안정을 모색하고, 근대 자유주의적 중산 계층의 편에서 그들의 투쟁을 확인한다. 1830년부터 사람들은 자유주의 역사가들의 황금 시기에 참여하게 된다. 1832-1837년 사이에 교육부 장관을 역임한 역사학자 프랑수아 기조는 국가 문서를 체계적으로 수집하여 정돈한다. 그는 1840-1848년 사이 루이 필리프의 측근에서 권력의 실제적인 전형이었을 것이다. 또 다른 자유주의 역사가들인 아돌프 티에르와 빅토르 쿠쟁은 장관직을 수행하고, 이 기간 동안 프로스페르 드 바랑트는 대사직을 수행한다.

이러한 역사가 세대는 역사 인식의 이중적인 이동을 실행하면서 '과학적인 역사(histoire scientifique)'를 만들려고 시도한다. 우선 그들은 국가 고문서들을 열람하고, 순서 매김을 조직하는 고증학적 연구 향상에 기여한다. 둘째로, 그들에게 있어서 고증학적 연구는 의미 회복의 수단이 된다. 그들은 역사적 자료들의 단순한 정확성에 한정되기는커녕, 그들의 역사적 자료들을 해설적인 재구성과 구별짓지 않는다. 그 결과 일반화된 이야기를 유도하는 과학화를 위한 의지와 특성·독특함들에 대한 매우 세심한 배려에 긴장을 유지시키는 기술법이 생겨난다. 그들에게 있어서, 국가는 소생시켜야 할 과거의 괄목할 만한 진실성에 이르고자 하는 이중적인 야망이 행해지는 장소이며, 전개의 논리성에 대한, 관념적인 총체성에 대한 요구인 것이다. 이상의 것으로부터 혁명적 분열의 불연속적인 차이에 의해 강조되고, 지역색에 대한 탐구, 거리를 부여하는 세부 사항에 대한 탐구에 의해 입증된, 활기띤 이야기의 취향인 새로운 역사적 감수성이 나타난다. 이러한 낭만주의 심미관(審美觀)은 19세기초 유럽을 지배한 예술적 표현의 흐름을 구성한 역사가들의 유일한 동업조합을 당황케 한다.

오귀스탱 티에리는 새로운 프랑스 역사의 모험 속으로 뛰어든 이 세대를 대표하는 사람들 중의 한 사람이다. 1820년 그는 "아직도 우리는 프랑스 역사를 전혀 갖지 못했다"[11]라고 쓰고 있다. 프랑스 역사는 지도적 영역들을 관찰하는 것에 만족하지 않고, 천민들·무명인들의 위치를 재평가하는 시각의 이동을 거쳐야만 한다. "우리는 시민 역사, 백성들에 대한 역사, 국민의 역사를 가지고 있지 않다."[12] 티에리는 고증학적 연구에 대한 고민을 느끼고 베네딕투스파의 총서들 안에서 실행된 작업을 기꺼이 참고하게 된다. 그러나 그러한 것들은 새로운 역사 기술을 불러일으키기 위해 역사가들의 허구의 이야기인 역사 소설 모델에서 영감을 얻으려 하는 그를 막지는 못한다. 그는 월터 스콧의 작품 《아이반호》를 최고의 걸작으로 평가한다. "이 위대한 작가에 대한 나의 감탄은 대단한 것이었다. 나의 연구를 통해, 과거에 대한 그의 뛰어난 지적 능력과 가장 유명한 근대 역사가들의 초라하고 퇴색한 고증학적 연구를 비교해 봄에 따라 이러한 감탄은 커져만 갔다."[13] 가상의 모델로부터 티에리는 사실적인 이야기와 그가 붙인 주석 사이의 구분을 없애 버린다. 그는 자료화된 정보들 전체를 회수할 것을 권장하고, 복잡하고 총괄적인 이야기의 골격 그 자체 안에서 그것들을 분석할 것을 권장한다. "개인적인 용모와 색깔을 구성하는 것으로부터 사실들을 분리하고자 한 방법은 잘못된 것이고, 우선 역사가가 그림을 그리지 않고 이야기를 잘할 수 있고, 계속해서 이야기하지 않고 그림을 잘 그릴 수 있다는 것이 불가능한 것은 아니다. 이야기는 역사의 본질적인 부분이다."[14] 역사가 마르셀 고셰에 따르면, 국가는 30년에 걸친 강력한 역사적 소집에 억눌린 과학과 의미의 잠재력을 해방시키고, 19세기와 그 이상에까지 크게 영향을 주게 될 국가의 과학과 과거의 과학 사이에 매우 강력한 끈들을 엮을 수 있게 해준다.[15]

미슐레에 따르면, 프랑스는 아직까지 역사를 가지고 있지 않았다. 1869년 그의 말년에 쓴 《프랑스사》의 유명한 서문 안에서 그는 확인된 사실을 말한다. "프랑스는 연대기는 가지고 있었지만, 결코 역사는 가지고 있지 않았다."[16] 미슐레에 따르면, 역사가는 진정한 성직(聖職)을 완수한다. 역사가는 사라진 선조들의 삶의 의미를 발견해야만 한다. 또한 그는 선조들이 그들 존재의 비밀을 고백하게 하기 위해 선조들에게 자신의 펜을 빌려 준다. 역사가는 과거 선조들의 삶의 수수께끼를 펼쳐 보이면서 그들에게 생을 되돌려 줄 수 있어야 한다. 이러한 방법에서 역사가는 소란스러운 소리들을 조용히 잠재우고, 그때까지 지하에서 헤매도록 형이 선고된 죽은 혼령들의 탄식을 가라앉히는 사제와도 비슷하다. 역사가가 가져온 해방감은 부차적인 것이 아니다. 미슐레에 따르면, 역사가는 영혼들의 해방을 허락하고 운명들의 불멸과 개별화의 형태를 허락하기 때문이다. 역사는 그것이 '식어 버린 재를 다시 덮힐 수'[17] 있을 때 완전한 부활인 것이다. 반대로 이러한 고귀한 사명은 지나간 불행을 식별하는 그 자체의 실제적인 재능을 역사로부터 요구한다. 고통으로 표시되는 국민들처럼 몇몇의 구현된 추상적 개념을 역사 속 작품 안에서 바라본 미슐레는 "왜냐하면 결국 모든 것은 죽게 마련이므로, 죽은 자들을 사랑하는 것부터 시작합시다"[18]라고 주장한다. 그에게 있어서 인민(peuple)은 그의 역사 이야기와 그가 이끌어 내려고 하는 의미의 화금석(化金石)이 된다. 그는 대혁명 1주년 기념 축제에서 표현된 프랑스 국가의 토대가 되는 이야기를 칭송한다. 이 축제는 혁명의 내재된 의미를 지니고 있다. 미슐레는 프랑스 혁명을 보다 잘 기념하기 위해 그 이야기를 선택한다. 그는 혁명을 그리스도 강생(降生)의 이야기로 바꾸어 놓는다. 왜냐하면 혁명 또한 1790년의 시민 연맹, 그들의 눈물과 피로 그려지는 혁명의 최후의 만찬을 가지고 있기 때문이다. 그는 자신의 열정 자체를 묘사한다. "축제는 모두에게 법과 피를 나눠 주고 그들에게 말하기를, 이것은 나의 피이로다. 마시자!"[19] 그는 다음과 같이 덧붙인다. "다음을 알아두어야 합니다. 유럽 앞에서 프랑스는 결국 불멸의 진정한 이름이고, 속죄받을 수 없는, 유일한 이름인 혁명이라는 이름밖에는 가질 것이 없을 것입니다."[20] 그러므로 미슐레가 시행착오라고 비난한 연대기-역사와의 관계는 완전히 단절된 것이다. 그의 야망은 종합적인 것이고, 동시에 프랑스 국가에 대한 사랑의 선언인 체험의 부흥을 겨냥한다. 그는 다음과 같이 밝히고 있다. "나의 위대한 프랑스여, 너의 삶을 되찾아 주기 위해 인간이 헌신하고 수도 없이 죽음의 강을 넘나들어야 했을지라도 인간은 그것에 위안을 삼고 너에게 여전히 감사한다. 그리고 인간의 가장 큰 고통은 여기서 너를 떠나야만 한다는 것이다."[21]

4. 이야기로의 '복귀'

19,20세기 역사가들이 역사-이야기와의 영원한 단절을 믿으면서 사회물리학을 세울 수 있다고 생각했던 과정에서 생겨난 이야기의 긴 공백 이후, 오늘날의 역사가들은 반대로 이야기되는 행위와 이야기를 동시에 나타내는, 필연적으로 작가가 아닌 이야기하는 사람의 행위와 이야기의 대상을 혼동하는 다의적인 가치를 역사적 개념이 갖는다는 사실을 강조한다. 역사가는 자신의 기술 행위에 대해, 허구적인 기술 행위와 함께 자신의 기술 행위의 근접성에 대해, 그리고 동시에 두 영역을 구분하는 경계에 대해 또다시 자문하게 된다. 수량역사학이 한창 유행하던 70년대초, 폴 베인은 《어떻게 역사를 쓸 것인가》라는 책을 발표함으로써 역사를 이야기로 간주하게 되는 사고의 복귀를 연상케 한다. 그는 이 책에서 "역사는 사건들의 이야기이다. 나머지 모두는 이야기에서 유래한다"[22]라고 주장한다. 역사인식론에 관한 이 책에서 그가 정한 목적은, 역사가 왜 과학이 아닌가를 제시하는 것이다. 아리스토텔레스를 근거로 하는 그는 역사를 '줄거리 설정'으로 바라본다. 형태는 설명을 초래하고, 반대로 역사의 방법론적인 부분은 사멸된 부분으로 간주되어진다. 베인에 따르면, 역사는 소설이자 진실을 말하는 이야기이다. 역사 영역의 애매함은 중요도의 단계에 따라 계층화된 모든 구성을 헛되게 만든다. 오직 줄거리만이 이야기로부터 예상되는 흥미에 따라, 그 어느 사건에 특이한 가치를 부여한다. 베인에 따르면 "사건들은 개별적으로 존재하지 않는다. 이러한 의미에서 역사의 조직은 우리가 줄거리라고 부르는 것이다. 즉

구체적인 원인·목적·우연들이 매우 인간적으로, 그리고 거의 과학적이지 않게 섞여진 혼합물인 것이다. 한 단어로 말하면 역사가가 자신의 뜻대로 자른 삶의 단편인 것이고, 여기에서 사건들은 그들의 객관적인 관계들과 상대적인 중요성을 갖는다."[23] 사람들이 역사를 설명이라고 부르는 것은 이야기가 이해 가능한 줄거리로 편성되는 방식일 뿐이고, 원인의 설정으로 삼은 것도 줄거리가 다른 것들 중에서 선택한 하나의 에피소드와는 다를 뿐이다. 그러므로 역사가는 기본적으로 경험주의자이다. 이들의 이론적이고 개념적인, 혹은 유형학적인 부분은 중요한 것을 소개하기 위해 역사의 명확한 특징을 상세히 이야기하는 것을 가정하여 모두 차용된, 이용 가능한 줄거리들의 일련의 요약분을 구성하고 있을 뿐이다. 역사가에 의해 실현된 통합과 관련하여 볼 때, 베인에 따르면 그것은 역사가가 가능성의 이론에 따라, 확인된 결과로부터 가정된 원인으로 거슬러 올라가게 하면서 공백들과 누락 부분들을 메우는 특이한 방법과 관련된 것이다.

1975년 미셸 드 세르토는 그의 저서 《역사 기술》을 통해 기술 행위로서 역사가의 실행을 강조한다. 세르토는 과학적인 측면과 허구적인 측면 사이에서 역사 장르를 긴장 상태로 놓은 것인 이야기거리들을 이야기한다는 사실에서, 반사경의 형태를 한 기술과 역사를 만드는 행위로 수행된 기술 안에 역사가 어떤 점에서 동시에 속하는지를 제시한다. 역사 이야기는 이야기 속에 죽음을 소개하면서 죽음을 몰아내는 장례 의식의 역할을 수행한다. 역사 이야기는 현재에 특이한 장소를 제공하는 과거를 역사의 고유 언어 속에 제공하면서, 사회에 설정될 수 있게 하고 상징주의적인 기능을 수행한다. 세르토에 따르면 "과거를 표시하는 것, 그것은 죽음에 자리를 만드는 것이지만 또한 가능성의 공간들을 재분배하는 것이다."[24] 역사가의 기술은 과거를 존경하고 과거를 제거하는 이중적인 의미 속에 과거를 묻기 위해서 과거만을 이야기할 뿐이라는 점에서, 세르토는 이러한 기능을 '무덤'이라는 단어 아래 17세기에 유행한 문학과 음악 장르에 비교한다.

세르토에 의하면, 만일 역사가 무엇보다도 이야기라면 역사는 표현 장소, 역사 체제에 묶인 지식 기술(技術)과 대조해야만 하는 경험인 것이다. "역사 안에서 사회와의 관련성을 억제하는 모든 학설은 추상적인 것이다……. 사회적 집단과의 관련성을 이야기하지 않는 과학적인 이야기는 경험을 말할 수 없을 것이다. 그것은 과학적이기를 중단한다. 이것이 역사가에 대한 중심적인 질문인 것이다. 사회 집단과의 이러한 관계는 정확히 말해서 역사의 목적인 것이다."[25] 사료 편찬 작업의 장소에 대한 고려는 거대한 작업장을 개방한다. 역사가 작품의 현대성 안에 매번 역사가의 이야기를 재설정할 수 있게 하는 사료 편찬적 질문의 작업장이다. 과학과 허구 사이의 긴장감 속에서 역사 이야기를 되찾은 미셸 드 세르토는, 역사 이야기는 특별한 진술 장소와 관련이 있다는 사실과, 연구가 집단에 호소할 수 있는 제도화된 실행 방법을 만들어 내는 기술에 의해 간접적으로 나타나게 된다는 사실에 특히 민감하다. "역사가 사회에 대해 이야기한 것이 무엇인가를 알기 이전에, 역사가 사회에서 어떻게 기능을 수행하는가를 분석하는 것이 중요하다."[26] 역사가의 경험은 전설도 아니고, 일반 공리도 아니며, 타당성이 결여된 것도 아닌 진술의 조건들을 나타내는 사회 구조와 전적으로 상관 관계가 있다.

1980년 프랑스에서 《르 데바》 잡지에 프랑스어로 번역되어 소개된 영국인 로렌스 스톤의 논쟁을 일으킨 기사는 '이야기로의 복귀'[27]를 주장한다. 특히 자신의 작품들을 위해 영국 혁명의 원인들에 대해 인식하고 있는 이 영국인 역사가는, 구조적이거나 혹은 과학만능주의 방식들의 논리적인 난점들을 60년대에 주류를 이루는 것들인 마르크스주의의 모델, 그가 생태-인구통계학(écologico-démographique)[28]이라고 규정한 아날학파의 모델, 미국의 '계량경제사(cliométricien)' 모델[29]과 같은 다양한 이형(異形)들 아래에서 비교하고, 제1의 대상을 인간으로 하는 묘사적·서술적인 역사의 필요성을 비교한다. 과학만능주의적인 세 가지의 이형들은 역사의 현실을 단일한 인과 관계를 나타내는 설명들로 축소하는 데에는 실패했다. 역사가들의 관심은 과거 사람들의 머릿속에서 일어났던 것, 이야기로의 복귀를 유도하는 것으로 이동하였다. 스톤에 따르면 "이야기로의 현실적인 복귀의 첫번째 원인은, 사람들이 역사적 설명의 결정론적인 모델에 대한 환상들을 잃어버렸다는 사실이다."[30]

5. 인류 시대의 표현 양식으로서의 이야기

역사가의 해설은, 세상에서 느끼는 친밀성과 우리가 잃어버렸던 세상이 표현하는 생소함 사이에 위치하는 중간 부분을 포위하려는 야망을 갖는다. 현재를 과거에 대조시키는 불연속성은 사료 편찬적인 새로운 인식을 펼치기 위한 성공 수단이 된다. 한스 게오르크 가다머는, "그러므로 시간적인 차이는 극복해야 할 장애가 아니다…… 현실에서 이해력에 주어진 생산적이고 긍정적인

가능성을 시간적인 차이 안에서 보는 것이 중요한 것이다"[31]라고
하였다.

  안과 밖에 대한 관념인 내재성과 외재성 사이에서 긴장의 내부
를 생각하도록 요구하는 것은, 오로지 시간성에 대한 사변(思辨)
적인 접근의 다양한 논리적 난점들을 극복하려 애쓰는 폴 리쾨르
를 자극했다. 표출되어야 하는 시간과 현상들의 조건으로서 해석
된 시간 사이에서, 분열의 유기적인 결합을 생각하는 것이 80년
대 중반에 발표된 역사에 관한 3부작의 목적인 것이다.[32] 리쾨르
는 단순히 시간 변화의 우주생성론적인 개념과, 시간 내부의 내재
적인 접근 사이의 팽팽함을 취한 제3의 이야기들, 제3의 시간으로
서 해석된 역사성의 체계들에 대해 다시 심사숙고하게 된다.

  아리스토텔레스는 인간이 가질 수 있는 의식에서 외부적인 시
간의 개념을 발전시킨다. 그는 변함없는 획일적인 시간, 동시에 동
일한 장소를 생각한다. 그러므로 아리스토텔레스의 세계는 시간
에서 벗어나게 된다. 오로지 아리스토텔레스만이 시간은 변화가
아니며, 시간의 변화는 조건의 하나라는, 시간에 대한 역설에 봉착
한다. "그러므로 시간은 변화도 아니고, 변화가 없는 것도 아니라
는 것이 명백하다."[33] 아리스토텔레스는 자연 법칙에 따라 신에 의
해 측정된 시간·사물들·인간들은 시간 작용을 감내한다는 확인
된 사실 사이의 관련성을 찾는 데는 이르지 못한다. 그는 나름대
로 "시간은 소모되고, 모든 것은 시간의 작용으로 늙어간다"[34]라
는 표현을 되찾지만, 변하기 쉽고 인간적인 시간에 대해서는 이와
같은 말을 하지 못한다.

  성 아우구스티누스에 따르면, 내재적·심리적인 측면은 이러한
시간의 우주생성론적인 측면에 대립된다. 그는 정면으로 질문을

던진다. "시간이란 무엇인가? 아무도 내게 그것을 묻지 않는다 할지라도 나는 그것을 알고 있다. 하지만 만일 내게 그것을 질문하고 내가 설명하기를 원한다면, 나는 더 이상 그것을 알지 못한다."[35] 그는 역설로부터 출발한다. 그 역설에 따르면, 만일 더 이상 과거가 아니고 아직 미래가 아니면, 시간일 수 있는 것이 무엇인지를 어떻게 파악하는가? 성 아우구스티누스는 현재, 즉 과거의 것들에 대한 기억과 미래의 것들에 대한 기다림을 포함하는 폭넓은 시간으로 확대된 현재를 향해 관심을 쏟으면서 대답한다. "과거에 대한 현재, 이것은 기억이고, 현재에 대한 현재, 이것은 비전(vision)이며, 미래에 대한 현재는 기다림이다."[36] 그러므로 성 아우구스티누스에게는 현재에 의한 과거와 미래만이 있을 뿐이다. 우주생성론적인 시간과 내재적인 시간 사이의 이러한 모순은 철학적인 사변에 의해서는 해결되지 않는다.

우주생성론적인 시간과 내재적인 시간 사이에는 역사가에 의해 이야기된 시간이 자리를 잡는다. 그것은 특별한 결합자들을 이용하여 시간을 재형상화할 수 있게 한다. 폴 리쾨르는 서술의 정체성과 진실에 대한 야망 사이의 고유한 것인 긴장감 속에 역사적인 이야기를 위치시킨다. 이야기의 시학은 시간에 대한 철학적인 이해의 논리적인 난관들을 넘어서는 방법으로 나타난다. 폴 리쾨르는 이러한 관점에서, '참고'의 개념보다는 '재형상화'의 개념을 선호한다. 왜냐하면 전문 역사가들에 의해 가장 흔히 사용되는 역사의 제3의 시간에 적합한 결합자들로부터, 역사의 '현실'에 대한 개념 그 자체를 재정의하는 것이 문제이기 때문이다. 이러한 결합자들 중에서 사람들은 역사가에게 친숙한 범주들을 재발견한다. 즉 날짜 계산의 범주들, 연대기의 범주들이 바로 그것이다. 폴 리쾨르는 "날짜 계산의 시간은 경험적 시간과 우주의 시간 사이에 역사가가 놓은 초석인 것이다"[37]라고 하였다. 이러한 날짜 계산의 시간은 그것의 측정 가능성에 의해 물리적 시간과 연관되며, 경험적 시간에서 차용해 온다. 날짜 계산의 시간은 "경험적 시간을 우주생성론화하고, 우주생성론적인 시간을 인격화한다."[38]

폴 리쾨르는 '세대'의 개념을, 공공의 시간과 사적인 시간 사이의 결합을 구체화할 수 있게 하는 역사가의 실행의 주된 매개물로 간주한다. 세대의 개념은 존재의 유한성을 넘어, 동시대인들로부터 선조들을 구별하는 죽음을 넘어 채무에 대한 증명이 될 수 있다.

'흔적'의 개념은 결국 오늘날 상당한 규모로 커졌다. micro-storia(小역사) 주창자이자 이탈리아 역사가인 카를로 진츠부르그는 지수 흔적의 계열[39]이라 정의한, 갈릴레오의 것과는 다른 새로운 계열의 모티프를 만들었다. 역사가의 통상적인 대상이자 자료들·고문서들에 의해 구체화된 흔적의 개념은 시간의 재형상화를 위해서는 역시 난해하고 본질적인 것이다. 폴 리쾨르는 단순한 기표인 순서의 혼란으로서, 흔적의 의미 형성 표현법을 철학자 에마뉘엘 레비나[40]에게서 빌려 온다. 그러나 그는 또한 이 개념을 역사 장소 안에 기입한다. 확실성 속에서 흔적을 복원하는 것은 고문서에 심취한 역사가 아를레트 파르주의 연구 대상이 된다.[41] '천한 신분층에서 하는 말'을 나타내지 않고 복원하려는 그녀의 근심은, 70년대 《논리의 반란》이란 잡지를 함께 만들었던 철학자 자크 랑시에르[42]의 근심과 동일한 것이었다. 파르주는 역사가가 자신의 고유한 이야기 아래 자주 은폐한 화자(話者)들에게 보다 많은 자유를 주기 위해 소멸을 실행한다. "여기서 새어나오는 것에 대해 내가 면밀한 조사를 해야 하는 것은 아니다. 새어나오는 것은 어느 누구에게도, 심지어 역사가에게도 속하는 것이 아니다. 그것은 거기에서 전달할 수 없는 불가해한 것이며, 현존하는 것이자 사라진 것이다."[43] 법정 고문서들을 탐구하는 파르주는 공식적인 연설에 의해 무의미한 것으로 간주된 언어들의 독특함을 복원하기 위해 출처들에 밀착된 작업을 하면서, 일탈자들과 소외자들의 번민의 언어를 되살릴 수 있었다.

폴 리쾨르에 따르면, 70년대에 아날학파가 이야기와의 단절을 시도한 것은 환상이었고, 역사가의 계획과는 모순된 것이었다. 페르낭 브로델의 논문 《펠리페 2세 시대의 지중해와 지중해 세계》를 주의 깊게 읽은 폴 리쾨르에 따르면, 장기 지속은 지속되고 있기 때문에 역사가의 기술 법칙들은 브로델이 사회학으로 전향하는 것을 방해했다. 줄거리를 만드는 것은 모든 역사가에게 부여된 것이며, 심지어 정치적·군사적·외교적인 사실(史實)만을 기록하는 고전적인 서창부(敍唱部)와 가장 많은 거리를 유지한 역사가에게도 부가된 것이다. 이야기는 역사적인 작품을 만들기 위해, 그리고 경험의 공간과 기다림의 영역을 연결하기 위해 필수불가결한 매개를 구성한다. 이야기는 역사에 대한 인류 특성의 흔적이며, 시간의 수호자인 것이다.

역사성의 새로운 체제

1. 기억의 순간

기억에 대한 실제적인 심취는 다양한 원인들에 부응한다. 이러한 원인들의 결합은 우리가 피에르 노라[1]와 더불어 '기억의 지배'라고 말할 수 있는 첨예화된 기념적 상황으로까지 프랑스를 밀고 나가며, 이러한 상황은 정체성 위기의 징후이고, 여러 개의 기준들이 사라지는 것처럼 보이는 시기에 공동의 삶을 재구성하는 어려움의 징후인 것이다.

중세의 연대기 작가들 이래로 왕들의 사료편찬관들을 거치면서, 국가 기억을 책임지려는 민족국가의 의지는 줄곧 입증되었다. 역사와 기억 사이에 이러한 불분명의 연장은 역사학이 제3공화국의 과정에서 전문화되었던 시기에까지 이르게 된다. 국가 구조가 온통 역사가의 계획과 정체성의 임무를 지니게 되었던 순간인 역사-기억의 황금 시대를 에르네스트 라비스는 구체화하게 된다.

민족국가의 구조를 결정하는 덕목의 상실 이외에, 또 다른 변화들이 기억과 역사 사이의 이러한 불분명에서 그의 실체를 없애기 위해 추가되었다. 이것이 바로 앙리 맹드라가 여러 지방들로 구성된 프랑스의 파국과 함께 '제2프랑스 혁명'[2]이라고 규정지은 것이다. 맹드라는 이것을 1965년경으로 설정하지만, 매체에 의해 강조되고, 지역 전통들의 상대적인 절대성을 부인하는 세계적인 규모의 또 다른 기준들의 난입에 의해 강조된 서로 다른 문화적 영향들은 특히 1975년부터 표면화된다. 같은 시기에, 혁명종말론들의 위기는 기다림의 영역을 둔화시키고, 이전에는 단지 역사의 원동력에 의해 활성화된 과거와 미리 결정된 미래 사이의 일시적인 장소로 해석되었던 현재에 적합한 뱃사공의 역할을 파괴한다. 미래에 대한 이러한 혼탁화는, 잠재적이고 긍정적인 미래의 영역에 속하는 것을 더 이상 등급화할 수 없는 과거의 모습을 혼란에 빠뜨리는 데 매우 협력했다. 그 결과 대상의 현재화가 나타난다. 피에르 노라는 "현재는 우리 자신들에 대한 이해의 범주가 되었다. 그러나 그것은 확장된 현재인 것이다"[3]라고 하였다. 민족국가에 의해 지지된 역사-기억의 단조롭고 단일한 특성의 붕괴는, 70년대 이래로 숨겨진 존재에 오랫동안 강요된 풍부함과 특이성을 확신하는 여러 가지 기억들의 과잉을 초래했다. 노라는 다음과 같이 분명히 말한다. "기억에서 역사로의 이행은 각각의 그룹에게 그들 고유의 역사를 활성화함으로써 자신의 정체성을 재규정해야 할 의무를 부여했다. 기억에 대한 의무로 인해 저마다 자신의 역사가가 된다."[4]

기억의 흔적들을 통해 과거를 다시 읽는 것은, 오늘날 '역사가의 영역'을 모든 부분으로부터 벗어나게 하는 분할되고 다원화된 기억의 느낌을 준다. 사회 관계의 주요 수단이자 개인과 집단 정체성의 중요한 수단인 과거를 다시 읽는다는 것이 실제적으로 쟁점 한가운데 놓여 있으며, 후에 정신분석학자의 방식으로 의미를 부여하게 될 역사가를 자주 기대하게 된다. 상당 기간 조작의 도구였던 과거를 다시 읽는다는 것은, 집단적인 재소유의 근원이자 현재와는 단절된 단순한 박물관지가 아닌 미래를 향한 해설적인 관점에서 다시 지위를 부여받을 수 있다. 부재의 존재를 가정한 기억은 과거와 현재 사이의 본질적인 접합점으로, 죽은 자와 살아 있는 자의 세상 사이에 어려운 대화의 자리로 남아 있게 된다. 마르크 블로크가 말했던 것처럼 변화의 학문인 역사는 전환의 과정들, 과거의 창시자적인 소생과 단절들을 보다 잘 이해시키기 위해 기억의 복잡하고 막연한 항로들을, 역사의 구체적인 방법만큼이나 이상적인 극단적 구체화 방법에까지 점점 더 차용하게 된다. 단지 부분들을 보충하고 원인들을 찾는 것만을 야망으로 자처하는 이데올로기적 해석과는 거리가 먼, 기억의 사회적 역사는 결과들을 따라야만 하는 변동의 근원으로서 모든 변화에 주의 깊게 남아 있다. 그것은 하나의 행위가 그의 또 다른 행위에 대한 질문의 대상이 될지 그렇지 않을지에 대해 증명될 수 없는 행위인 활동하는 부재를 대상으로 삼는다. "기억은 과거의 성유물함(聖遺物函) 혹은 쓰레기통이 아닌 믿음으로, 가능성들로 삶을 영위하고, 숨어서 경계를 게을리하지 않는 기억은 가능성들을 기다리며 살아간다."[5]

국가 역사의 불확실한 영역에 대해 연구 작업들이 증가한다. 앙리 루소가 비시 체제에 '몰두'한 것이 1940-1944년에 일어났던 일에 대한 목록을 작성하기 위한 것은 아니다. 그의 역사적인 대상은 비시가 정치적 통치를 더 이상 실행하지 않았을 때 시작된다. 그것은 국가 의식 속에 야기되었던 단층들의 잔재인 것으로 밝혀진다. 그가 '과거의 미래'[6]를 언급할 수 있었던 것이 바로 그때이다. 그의 시대 구분은 명시적으로 정신분석적인 범주들을 이용한다. 가령 이러한 범주들이 오로지 유추적인 방법에 의해 다루어진 것일지라도 말이다. 외상성 신경증이 강박관념의 단계로 전환되기 이전에, 1944-1954년의 장례 의식에 이어 억압 시기, 그리고 억압된 사람의 복귀 시기는 계속된다. 루소가 1994년 에릭 코낭과 공동으로 기억에 대한 남용을 경계했던 《비시, 사라지지 않는 과거》[7]라는 책을 발간할 필요성을 느꼈던 상황인 과잉 시기가 이 시기에 관한 불충분한 기억에 갑자기 잇달아 일어났다.

비정상적인 복귀를 넘어 과거를 끊임없이 재사용하기에 유리한 상황인 것이다. 우선 기억의 대상으로 재사용하도록 하는 서구 사회가 알고 있었던 미래의 위기가 있다. 게다가 현대 과학의 방법들이 야기하는 순간성의 지배는, 현재에서 벗어난 것처럼 보여지는 것에 현재를 다시 부여하려는 강박관념적인 열정에 의해 억제된 피할 수 없는 상실의 감정을 결과로 초래한다. 논리적으로 당연한 이러한 반응은, 그러나 앙리 루소가 최근에 강조한 역효과를 가지게 된다. "이러한 가치의 부여는 과거, 지속 기간, 흘러간 시간에 대한 실제적인 학습을 방해하고, 미래를 고찰해야 하는 우리의 능력을 짓누른다."[8]

신경증적인 태도들의 반복을 피하기 위해 과거에 대해 연구된 정확한 간격을 찾아내기가 대체로 쉽지 않다. 정확한 간격은 우선 역사가들을 필요로 하고, 증인들의 시간이 단절될 때 국가적인 기억을 수용하고 전달하는 현재의 승객들을 요구한다. 이것이 민족 학살의 역사[9]에 관한 사례이며, 그 유명한 '사라지기를 원치 않는 과거' 혹은 프랑스의 비시 정부 시기에 관한 사례이다. 그러나 기억에 대한 작업은 과거에 대한 집단적인 심한 정신적 충격들 위에서 '냉철한 지식'을 만들어 내지 못하는 '보초를 선 파수꾼'인 시민의 역할을 역사가에게 상기시킨다. "역사가는 사회적 기억 건설, 그리고 전달에 참여한다."[10] 비록 70년대까지 비시 통치와 관련된 상황이 오랫동안 지속되었기 때문에 대체로 맹목적인 기억에 대한 병리학들을 피하길 원한다 할지라도, 기억의 역사는 절대적인 필요성인 것이고, 역사가의 모든 비평적인 도움을 받아야만 한다. 역사와 기억 사이의 연관성은 강해지고, 이러한 관계 없이 폴 리쾨르가 어떤 점에서 현재가 과거에 의해 작용되는가를 상기시켰다면, 이에 반해 역사는 단순한 외재성이기 때문에 단지 이국적인 취향일 것이다. 이러한 접근 덕분에 뤼세트 발랑시가 상세히 설명한 것처럼 역사가는 독점권을 가지고 있지 않다. "심한 정신적 충격의 구상 방법들과 집단 기억의 전달 방법들은 다양하다."[11]

80년대에는 제2차 세계대전시 독일에 협력한 자들과 나치의 독가스실을 부인하는 젊은 경쟁자들의 진술이 재부상함으로써 역사가를 그의 학문과 연결해 주는 진실의 약속, 기억의 의무로 되돌아오게 한다. 피에르 비달 나크는 나치의 독가스실을 부인하는 논문들에 직면한 역사가들의 대반격에서 결정적인 역할을 수행했다.[12] 이러한 어두운 시기에서 살아남은 사람들과 관련해 보면, 그들은 그들이 할 수 있는 모든 방법들을 이용하여 그들의 기억을 다음 세대에 증언하고 전달해야 할 긴박감을 느끼게 된다.

기억에 대한 역사는 특히 역사의 중심적인 상황에 의해 복합성에 노출되고, 모든 사회과학을 위해 개인과 집단 사이의 불확실한 상호 관계의 중심 그 자체 안에 노출되었다. 이것이 미카엘 폴라크가 몰살 장소로부터 돌아온 추방된 자들의 기억과 관련하여 밝혀낸 것이다. 아우슈비츠-비르케나우 수용소로부터 살아남은 생존자들을 조사한 그는, 침묵은 망각이 아님을 입증한다. 죄의식을 감추려는 감정은, 전달하려는 맹렬한 위세와 의사소통의 무능력 사이에서 취해진 생존자들의 한복판에 있는 것이다.[13] 거기에서부터 이러한 기억들을 통솔하게 될 사람들의 임무가 나온 것이다. 그들은 진술과 진술이 아닌 것의 가능성들 사이에서 변동하는 한계들을 다시 파악하고, 개개인의 장례 의식을 용이하게 할 의무를 지닌다. 개개인의 기억들과 마찬가지로 집단적인 기억들은 수많은 반론·긴장감·재구성을 필요로 한다. "망각과는 차이가 있는 침묵은 의사소통의 필수 조건이 될 수 있다."[14]

2. 사건과 사건의 흔적

1937년 폴 발레리가 콜레주 드 프랑스에서 창조적 행위들의 학문으로서 시학을 정의한 방법과 유사한 새로운 관점을 사건은 필요로 한다. 사회학자 르네 파세롱에 의해 오늘날 권장된 역사에 대한 시학적인 접근은, 개인적인 혹은 집단적인 특이성으로 창조적인 활동성에 특별한 주의를 기울인다. 그는 자문한다. "과학(역사 안에 포함된)·예술·관습·종교·철학들 안에서 개념의 변화들이 예측하지 못한 사건의 번뜩임에서 기인된 것이라는 것을 누가 부정할 것인가?"[15] 만일 사람들이 그의 저서 《프랑스사》의 서문을 믿는다면, 1830년 7월의 섬광은 거의 그리스도적인 역사적 정열을 쥘 미슐레에게 불러일으켰다. 필요한 번뜩임은 불법 침입을 일으킨다. 그것은 위험의 측면, 일시적인 균열의 틈, 새로운 모험의 시작의 측면에 존재한다. 이러한 사실(史實)만을 기록하는 것은 미래의 영역을 예측 불가능성에서 다시 열게 한다. 이것은 예측을 통한 추정 속에 불확실성을 도입한다. 파세롱에 따르면 "미래의 뜻밖의 사건들이 시작되는 것은 미래 연구 속에 개방 상태를 도입한다."[16]

역사에 대한 이러한 창조론적인 접근은 사멸된 과거와 이것을 객관화할 임무를 지닌 역사가 사이에서, 대부분의 사료 편찬적인 전통들에 의해 설정된 간격을 재검토할 것을 내포한다. 반대로 역사는 재창조하는 것이고, 역사가는 이러한 재창조를 전달해 주는 사람, 즉 중재자인 것이다. 기술의 의미가 다양한 현실화의 단계들에 따라 시간의 흐름으로 이동하는 것과 마찬가지로, 이러한 재창조는 현실을 읽어내는 해석학의 연구 안에서 구체화된다. 그러므로 역사의 목적은 역사 기술에 의해 다시 개방된 영원한 구조물인 것이다. 역사는 우선 특이한 형상 속에 위치해 있기 때문에 늘 새로운 현실성을 부여하는 현재 속에서 비문(碑文)으로서의 사실만을 기록하는 것이다. 복귀된 사실(史實) 기록은 19세기의 방법학파·실증주의 학파의 것, 즉 아날학파들이 내버려두었던 악마로 통용되는 이미지보다 더 많은 덕목들을 소개하지만, 절대적으로 필요한 근원들에 대한 내외적인 비평 작업이 오로지 근원들의 사실 증명으로만 한정되었던 전쟁-역사의 것은 아니다.

미셸 푸코는 사실 기록의 복귀에 매우 헌신하였다. 모든 연속주의의 시간성, 가치들에 대한 모든 절대화와 귀화에 철저한 그의 비평은 더 이상 거짓된 항구성들 혹은 가공의 지속성들을 다시 봉합할 수 없는 일관성 결여의 선들에 의해 나뉘어진, '학문적 지식의 총체'들 사이에서 추론적 공간에 적합한 중간 휴지(休止)들에 주의를 기울일 수 있었다. 그에 따르면 "재인(再認)들의 항구적인 놀이를 허용했었던 것을 잘게 잘라야만 한다."[17] 푸코는 구체적인 실증성들에 대한 묘사, 불연속성들, 사건의 특이성에 몰두하고, 원인 혹은 근원에 관계된 연구들로부터 니체 철학의 도피를 사용한 자신을 '행복한' 실증주의자로 묘사한다. "실제적인 역사는 사건이 가질 수 있는 유일하고 심각한 것 안에서 사건을 다시 떠올리게 하는 것이다."[18]

1972년부터 피에르 노라는 '사건의 복귀'[19]를 표명한다. 그는 대중 매체라는 간접적인 수단을 통해 '일정한 방법에 따르는' 역사가들로 구성된 옛 세대의 통용되지 않는 향기를 지니고 있는 이러한 '복귀'를 인지한다. 이것은 인지되어진 실체이며, 이러한 기법을 위해 다양한 대중 매체들은 주된 것이 되었고, 사건들을 만들어 내는 독점권을 장악한다. 무매개성은 사건이 단숨에 강타하기 때문에 사건의 판독을 더 쉽게 만들고, 사건이 갑자기 전달되기 때문에 사건의 판독을 더 어렵게 만든다. 노라에 따르면, 이러한 역설적인 상황은 대중 매체들이 어떻게 사건을 만들어 내는가를 파악하기 위해 역사가가 실행해야만 하는 사건의 해체 작업을 필요로 한다.

폴 리쾨르에 따르면, 사건은 해체와 증대 사이에서 해석 재개에 기인된 변신을 감내한다. 연속주의의 접근과 비연속주의의 접근을 융합시킨 그는 사건의 접근을 세 단계로 구별할 것을 제안한다.

1) 명확히 의미가 나타나지 않은 사건.

2) 사실(史實)만을 기록하지 않은 극단적인 경우에 의미의 순서와 지배.

3) 과잉의 의미를 지니는, 의미를 초월한 사건들의 출현.[20]

첫번째 방법은 '일어난 것'에 대한 묘사에 해당하며, 상속인에게 새로운 이야기, 놀라움을 불러일으킨다. 그것은 랑글루아와 세이뇨보 방법학파의 방침들에 해당하는 것이며, 특히 근원들에 대한 비평적인 입증에 부응한다. 둘째로, 사건은 법칙·규칙성들과 관련하여 사건을 평가하는 설명적 구조들의 내부 속에 위치한다. 이 두번째 순간은 사건을 부정하는 한계에 있을 정도로 사건과 관련된 법률의 기록하에 사건의 특이성을 포섭하는 경향이 있다. 여기에서 아날학파의 경향을 재인식할 수 있다. 출현으로써 사건을 재연하지만 과잉의 의미를 지니는 해설적인 세번째 순간은 이러한 분석 단계에 뒤를 이어야만 한다. 그러므로 사건은 기본적인 정체성(바스티유 감옥의 탈환) 혹은 부정적인 정체성(아우슈비츠)을 구성하는 이야기 구조체의 구성 요소인 것이다. 복귀된 사건은 설명적 의미에 의해 축소되었던 사건과 동일한 것은 아니며, 이야기의 외부에 있었던 명확히 의미가 나타나지 않은 사건과도 동일한 것이 아니다. 그것은 의미를 만들어 낸다.

사건들은 추론적이건 혹은 그렇지 않건간에 그것의 흔적들로부터 알아낼 수 있을 뿐이다. 역사적인 현실을 언어의 측면으로 축소함 없이 사건의 고정화, 사건의 구체화는 그것의 명명으로부터 실행된다. 이것이 비본질주의적 관점 안에서 제라르 누아리엘의 국가 정체성 구성에 관한 연구들이 밝히고 있는 것이다.[21] 이민과 관련하여, 그는 사회적 현상들은 그것들이 공동체 안에서 효과를 발휘할 수 있는 상징적인 표시들의 세계인 시계(視界)에 이르지 않았다 하더라도, 개개인들이 살아온 경험에 일치된다는 조건하에서 존재할 수 있음을 주장한다.

그러므로 그는 오늘날 널리 중시되고 있고, 민족방법론의 상호작용주의의 경향들과 해석학적인 접근에 의해 문제 제기가 된 언어와 사건 사이의 본질적인 관계를 만들어 낸다. 이러한 모든 경향들은 역사의미론의 기초들을 세우는 데 공헌한다. 역사의미론은 그것이 활동하는 영역을 고려하고, 물리주의적이고 인과론적인 개념들과는 관계를 끊는다. 사건의 구성은 넓게는 조작자의 역할을 수행하는 줄거리를 만드는 것에 종속된 것이고, 이질적인 사건들의 관계를 형성하는 데 종속된 것이다. 사건의 구성은 물리주의적 설명의 원인 관계와 대체된다.

흔적과 계승자로 향한 사실 기록의 이동은, 사람들이 해석의 범위 혹은 사료 편찬적인 전환점으로 규정할 수 있었던 것의 내부 속에서 역사학 그 자체로의 복귀를 야기했다. 이러한 새로운 순간은 역사가가 행한 기술의 계속적인 대변화와 점진적인 변동 속에서 사건과 현재 위치 사이의 의미 변화들을 따르게 한다. 역사가는 내용의 골자로부터 사건에 대한 인식과 생산의 다양한 방식들에 대해 자문한다. 역사가가 행한 기술에 의해 과거를 재해석하는 움직임은 국가적 기억에 대한 발굴을 동반하고, 실제적인 기억 순간을 강화한다. 사료 편찬과 기억에 의한 재생을 통해, 역사가들은 과거에 대한 장례 의식을 담당하고, 인문과학 안에 실제적인 해설의 노력과 반성적인 노력에 기여한다.

레이몽 아롱이 확신했던 것처럼 "미래의 불확실성을 과거에 돌려 주어야 한다." 이러한 필연적인 '숙명론화'는 선험적으로 결정론을 미리 가정하지 않고 특이한 상황들을 설명해 보기 위해, 역사가를 특이한 상황들로 돌아가게 만든다. 역사가는 주어진 순간에 사건 관련자들의 문제들 중에서 환경 본질의 문제를 제시해야만 하는데, 이것은 강압으로 해결을 시도함에 따라 행위들을 설명하는 가정들을 만들 수 있게 하는 것이다. 알랭 부아예는 "상황적인 분석은 문제를 해결하려는 시도들의 총체로서 인간 행동에 대한 설명을 목표로 정한다"[22]라고 하였다. 상황 개념은 결정론으로 작용하지는 않는다. 그것은 어떤 불변성도 가리키지 않는다. 그러므로 똑같은 산일지라도 관광객·등산가·군인·농부에 의해 상이하게, 심지어 상반되게 인지될 것이다. 게다가 상황적인 제약들은 인간 행동에 있어서는 다소 심한 것이다. 철학자 칼 포퍼가 지적했던 것처럼, 사회가 개방되면 될수록 개개인들의 자질은 넓은 가능성의 영역 안에서 발휘될 수 있다. 이러한 애매함은 역사 관계자들을 선택함에 있어서 여러 가지 가능성들을 생각하기 위해 본질적인 것이다. 이러한 접근은 사용하고 있는 결정론의 형식들과의 단절을 내포한다.

그 어느 방향의 선택에 유리하게 작용했던 이유들을 해명하기 위해 과거 속에서 가능성들의 공간을 다시 찾는 것이 바람직하다. 행동을 억압하는 제약들은, 첫째로 행동을 가능케 혹은 불가능케 하는 상황, 즉 구조적인 제약에 기인한다. 둘째로 규칙·규범·규약들은 사건 관련자들의 선택의 방향을 결정한다.

3. 표현의 장

표현의 세계에서 점점 더 주장을 굽히지 않는 기준은 아날학파가 70년대에 정신 구조를 다루었던 방법과 함께 어느 정도의 비평적 격차와 재정의를 내포한다. 이러한 관점에서 역사학자 알랭 코르뱅은 최근에 '역사에 의한 표현의 파괴'[23]에 대해 말할 수 있었다. 이러한 변화는 '비평적 전환점'[24]에 할당된 아날학파의 계획 기사 안에서 역사가 로제 샤르티에 의해 정의되었다. 그는 정신 구조의 단계인 세번째 단계는 경제학적이고 인구통계학적인 역사 안에서, 이미 검증된 방법들에 따라 새로운 대상들로 역사를 개방하는 기회가 되었음을 환기시킨다. 공포·성(性)·죽음과 같이 철학자들과 인류학자들에 의해, 그때까지 훨씬 더 많이 찾았던 대상들에 적용된 연속적인 방법들의 결합은 역사학에서 대단한 성공을 확신했다. 그러나 정신 구조의 역사[25]는 정신 구조의 개념과 마찬가지로 폭넓은 정책 강령을 가진, 고의로 애매한 개념의 측면에서 사용중인 연속적인 방법들을 또 다른 연구의 영역 안으로 바꾸는 것에 만족했었다. 그 결과 오래 지속된 시간, 사회 직능별의 구분, 대중 문화와 엘리트 문화 사이에 전제된 이분법, 그리고 점점 더 세분화된 역사 분열의 근원이자 해설적인 구조들로부터 분리된 숫자 혹은 일련의 것에서 우선적으로 절대적인 믿음을 중시했던 관점이 생겨난다.

로제 샤르티에는 최근에 역사가의 실행을 나타냈던 세 가지 변화를 적어두고 있다. 첫번째로, 간곡한 결정들에 대해 조목조목 밝히는 완전한 역사에 관한 계획에 점진적인 포기가 발생한다. "포기는 개인들과 집단들이 그들 세상에 의미를 부여해 주는, 모순되고 대치되는 표현들에 의해 만들어진 구조도 아니고 실행도 아니라는 사실을 고려하면서"[26] 이러한 포기는 사건, 혹은 특이한 삶의 이야기와 같이 한층 더 다른 것들과 구별되는 대상들로부터 과거 속으로 진입하려는 시도들을 증가시켰다. 두번째 변화는, 연구 가능한 유일한 분할로서 지리학적인 특이성들을 고려하는 것을 포기하고, 이러한 지리학적인 특이성을 대신하여 규칙성들을 개발하는 것을 포기하는 데서 비롯된다. 세번째로, 정신 구조의 계획에 사회 직능별 구분의 전환은 "동기·대상 혹은 문화적 실행들을 즉시 사회학적인 용어로 규정하는 것은 불가능하다"[27]라고 밝히는 영역 안에서 최근의 연구들에 의해 처음부터 재검토된다. 이러한 변화들은 샤르티에가 폴 리쾨르에게서 취한 개념들이지만, 글을 쓰고 읽는 행위의 명확한 실행·가정·방법들을 특수하게 복원해야 하는 역사가의 관점 안에서, '텍스트의 세상'과 '독자의 세상' 사이에서 만나게 되는 상황의 결과로 확인된 의미의 건설 과정에 훨씬 더 많은 주의를 기울이게 한다. 그 결과 사회학이나 인류학과 같은 또 다른 학문들에 대한 관심을 결합시키고, 계열 적인 가치를 가지는 조직망에 주의를 기울이게 된다. 샤르티에에 따르면, 여기로부터 문화의 사회적 역사를 사회의 문화적 역사로 바꾸기 위해 "역사적으로 사회적으로 차이가 있는, 텍스트와의 연관 방법들을 조직하는 실행 조직망들에 주의를 기울이는 두번째 변화의 필요성이 나오는 것이다."[28]

집단적인 믿음들의 현상을 분석하기 위해, 역사가는 사회학자 뤽 볼탕스키와 경제학자 로랑 테브노[29]에게서 차용한 사건 관련자들의 '능력'의 개념을 다시 취할 수 있다. 믿음에 대한 최근 역사가들의 연구 안에서 믿는다는 것은 하나의 행위가 된다. 사람들은 믿는다는 행위가 감추는 것을 알아내려는 난해한 질문을 제시한다. 이러한 것은 어떻게 의식서(書)들이 영향을 주고, 사람들 머릿속에 명확한 효과들을 발생시키는지에 대해 역사가가 자문하게 되는 고문서들에 대한 새로운 해석을 내포한다. 마르셀 고셰에 따르면, 역사가들은 클로드 레비 스트로스가 그의 논문 안에서 '상징적인 효율성'[30]에 관해 정의한 자료 발견의 프로그램을 과거의 계획 안에서 설명하도록 요구된다. 인식의 절대적인 필요성은 이러한 상징적인 효율성에 대한 몇몇 관점을 부여하고, 미국 형식존

중주의 학파의 단순한 기술주의 그 이상으로 나아갈 수 있도록 기여할 수 있다. 고세에 따르면, 믿음은 근본적인 연구의 장이다. 사람들이 단순히 조작된 의식에 믿음을 위탁하는 것으로 만족하지 않을 때, 믿음은 특히 어려운 문제를 제시할 수 있다. 그러므로 역사가는 관련 집단들과의 응집력의 유기적인 결합으로부터 사회관계의 융합 장소로서 믿음을 다시 되찾기 위해 노력한다.

카를로 진츠부르그·에도아르도 그렌디·조반니 레비·카를로 포니와 같은 micro-storia(小역사)의 이탈리아 역사가들은 60년대부터 이 분야에서 선구자의 역할을 수행한다. 위기의 한계 상황들에 가치를 부여하고, 소우주 상황 연구에 몰두한 그들은 집단적인 표현으로 뒤얽힌 특성, 문제점들의 복잡성, 상호 활동, 그리고 개인적인 전략들에 대해 다시 새로운 주의를 기울였다. 그들이 역사를 서술했던 균열의 경우들은 한계성, 숨겨진 부분, 억압된 것을 추격하는 것을 의미하는 것이 아니라 그것들은 모순 어법, 즉 '정상적인 예외'[31]에 의해 정의된 해결하기 어려운 본질로서 특이성을 드러내는 방식인 것이다.

통상 가장 작은 것으로부터 보편적 의미를 탐색한다. 소(小)현실들에 대해 모든 연구를 하면서 micro-storia는 일반화의 길, 종합화의 길을 버리는 것이 아니라 그것을 연구한다. micro-storia는 특이한 기술, 정확한 위치 결정의 선택, 더 일반화된 설명들을 위한 사명을 겸한다. 만일 이러한 의지가 이 학파의 모든 연구들에 공통된 것이라면 사람들은 적어도 두 가지 해석, 약간 상반되는 두 가지 궁극적인 목적성을 구별할 수 있다. 이러한 흐름에 대한 연구들 대부분은 매우 고전적인 사회사의 문제들에 대답하기 위한 또 다른 분석 척도인 새로운 방법들을 정의한다. 이것은 특히 조반니 레비의 작품의 경우로서, 이 작품의 목적은 잘 정해진 연대기적 범위(17세기말-18세기초) 안에서 특별한 지역(피에몬테)의 농민 집단들과 근대 국가 사이의 관계들을 이해하는 것이다. 레비에 의해 다루어진 명확한 사례는 17세기 피에몬테의 산테나의 경우이고, 이곳에서 이단의 사제가 마귀를 쫓아 병을 고쳐 주는 역할을 수행했다는 이유로 법정으로 끌려나오게 된다.[32] 그러나 레비의 분석의 중심은 부차적인 실행들의 이국 정서가 아니라 여러 위험들에 직면하고, 피에몬테 국가의 피할 수 없는 상승에 직면한 도시 공동체의 누적되어진 실패들인 것이다. 특히 분석 기술은 규범 체제들의 내부에서 파낸 틈들로부터 개인·가족·혈족·씨족의 전략들을 재건하는 데 몰두한다.

카를로 진츠부르그는 micro-storia의 또 다른 해석을 소개한다. 사용된 기술은 같은 것이지만, 그것은 더 인류학적인 순서의 궁극성 내부에 포함된다. 진츠부르그는 micro-storia의 방법을 그가 나선의 방법이라고 정의한 계열체에 다시 연결한다. 그것은 거대한 인류학적인 구조들을 은폐하고 있는 껍질을 정확한 문제에서 깨뜨릴 수 있고, 지질학자의 방법으로 매우 오랜 기간 동안의 풍경을 생겨나게 할 수 있다. 진츠부르그의 목적은 거대한 역사의 규칙성들, 거대한 불변 요소들의 역사 안에 자신의 연구를 더 많이 기록하는 것이다. 비정상적이고 실수인 결함들은 그 자체로 가치를 부여할 대상들은 아니다. 그것들은 단순히 숨겨진 인류학적인 초석에 대한 관찰로 이끌게 할 뿐이다. 1966년부터 진츠부르그는 샤머니즘적인 행위들과의 비교 가능성을 불러일으켰다. 진츠부르그에 있어서, 오늘날 현상을 이해하는 데 있어 중심을 차지하고 있는 이 문화적 불변 요소는 존재의 유한성에 부응하고, 그것이

문맥상으로 결정되어진 다양한 방법들을 따르면서 저승 세계와 함께 야기되는 관련 체제들의 구성에 부응한다. 역사가의 탐구는 문맥적인 틀인 증거 기록과 평범한 인류에게 고유한, 시공적이고 다영역성들인 불변 요소들의 탐구를 기록하는 것 사이에 긴장감을 취하고 있다. 피할 수 없는 이러한 긴장감은 공동의 문화와 그 문화의 다양한 형태들을 가리키는 권한으로서, 사회 편입의 정확한 상황에 따라 그리고 필요한 척도에 따라 믿음 사이에서 관계들의 용어로 표현될 수 있다.[33] Micro-storia는 이러한 다양한 두 가지 해석 안에서 역사가가 특히 통계학적인 방법들, 양적이고 계열체적인 역사의 규칙성들을 연구해야만 하는 기나긴 쇠퇴의 단계를 거친 후 특이성을 받아들일 권리를 다시 부여했다.

결 론

　사료 편찬 과정의 끝에서, 우리들은 역사의 관점이 여러 가지로 해석될 수 있고, 단순히 절충주의적인 포스트모더니즘의 복잡한 문제로 귀착될 것이라고 확신할 수 있을까? 기억을 고수하는 정체성의 기능과 역사 고유의 진실성에 대한 탐구를 별개로 다루지 않는다는 조건하에서 대답은 '아니오'이다. 다양한 근본주의들에 직면한 일반 개념들을 강조하기 위한 것만큼이나 유럽이라는 공동 구역을 건설하기 위해 다양한 문화들 사이에서 추진해야 하는 대화의 시대에, 다원적이고 논란의 여지가 있는 역사는 오늘날 절대적 필요성인 것이다. 이러한 관점에서, 논쟁의 장소로서, 해석상의 싸움을 누릴 수 있는 장소로서의 역사는 치료 기능을 발휘할 수 있다. 역사는 동일한 행동들, 동일한 사건들로부터 다양한 이야기들이 존재 가능하다는 최근의 인식에 근거를 둘 수 있다. 이러한 의미 안에서 역사는 논쟁·토론과 같은 개방의 상황으로 국가와 집단의 기억을 되돌려 놓으면서, 기억에 대한 긍정적인 복귀 결과들을 가질 수 있다. 그러므로 역사는 기억을 반복에 대한 강박성의 화석화 속으로 후퇴하지 않도록 하며, 또 다른 기억으로 개방될 수 있게 한다.

　해석의 큰 변화 속에서, 새로운 대화 공간을 향한 개방 속에서 문제가 되는 것, 그것은 방법론적인 문제들을 넘어 공리주의에 기초한 철학-정치주의자의 개념들과 마찬가지로 환원주의자들의 이데올로기들에 의해 부정되어진 사회 관계, 즉 '총체적 존재'의 본질에 대한, 해결되지 않은 난제에 관해 인문과학이 던진 새로운 문제 제기인 것이다.

원 주

서 문

1) F. Dosse, *L'Empire du sens. L'humanisation des sciences humaines*, Éd. La Découverte, Paris, 1995.

2) Ch. Delacroix, 〈La falaise et le rivage. Histoire du tournant critique〉, *Le Temps réfléchi, Espaces Temps*, 1995, n°s 59-60-61, pp.86-111.

3) Lepetit B., 〈L'histoire prend-elle les acteurs au sérieux?〉, *Le Temps réfléchi, Espaces Temps*, 1995, n°s 59-60-61, pp.112-122.

4) L. Boltanski et L. Thévenot, *Les Économies de la grandeur*, Éd. CEE/PUF, Paris, 1987; rééd. sous le titre: *De la justification*, Éd. Gallimard, Paris, 1991.

5) Nora P., *Les Lieux de mémoire*, Éd. Gallimard, Paris, 1993, t. III, vol. I, p.24.

I 문학 장르와는 대조적인 진실의 약속

1) Hérodote, Prologue au Livre I des *Histoires*, Éd. Les Belles Lettres, Paris, 1970.

2) F. Châtelet, *La Naissance de l'histoire*(2 volumes), Éd. de Minuit, Paris, 1962; rééd. Éd. du Seuil, coll. 〈Points〉, 1996.

3) M. de Certeau, *L'Absent de l'histoire*, Éd. Mame, 1973.

4) F. Hartog, *Le Miroir d'Hérodote*, Éd. Gallimard, Paris, 1980; rééd. augmentée, 1991.

5) M. de Certeau, *L'Écriture de l'histoire*, Éd. Gallimard, Paris, 1975, p.111.

6) Aristote, *Métaphysique*, 980 a 25.

7) Thucydide, Préface à l'*Histoire de la guerre du Péloponnèse*(1963), trad. par J. de Romilly, Éd. Les Belles Lettres, Paris, 1991.

8) 같은 책.

9) Guénée B., *Histoire et culture historique dans l'Occident médiéval,*

Éd. Aubier, Paris, 1980, p.134.

10) Mabillon J., *Brèves réflexions sur quelques règles de l'histoire*, Préface et notes de B. Barret-Kriegel, Éd. POL, Paris, 1990, p.104.

11) Bloch M., *Apologie pour l'histoire*(1941), Éd. Armand Colin, Paris, 1974, p.77.

12) Barret-Kriegel B., *L'Histoire à l'âge classique. La défaite de l'érudition*(1988), Éd. PUF, coll. 〈Quadrige〉, Paris, 1996, t. Ⅱ.

13) Monod, G., 〈Du progrès des études historiques en France depuis le XVIᵉ siècle〉, *Revue historique*, n° 1, 1876.

14) 같은 책.

15) Langlois Ch. et Seignobos Ch., *Introduction aux études historiques*, Éd. Hachette, Paris, 1898, pp.45-47 ; rééd. Éd. Kimé, Paris, 1992.

16) A. Prost, 〈Seignobos revisité〉, *Vingtième siècle*, n° 43, juil.-sept. 1994, pp.100-117.

17) Seignobos Ch., *L'Histoire dans l'enseignement secondaire*, Éd. Armand Colin, Paris, 1906, pp.38-39.

▮ 사회물리학의 야망들

1) Polybe, Préface aux *Histoires*, trad. par P. Pédech, Éd. Les Belles Lettres, Paris, 1969, I, 1.

2) P. Pédech, *La Méthode historique de Polybe*, Éd. Les Belles Lettres, Paris, 1964.

3) Polybe, *Histoires, op. cit.*, III, 6.

4) Montesquieu, *De l'Esprit des Lois*(1748), texte établi et présenté par J. Brethe de la Gressaye, Éd. Les Belles Lettres, Paris, 1950-1961, XIX, 4.

5) Voltaire, Avant-propos à *l'Essai sur les mœurs*(1756), Éd. René Pomeau, Garnier, Paris, 1963.

6) Condorcet, *Mathématique et Société*(1785), Éd. Hermann, Paris, 1974.

7) Certeau M.(de), *Histoire et psychanalyse entre science et fiction*, Éd. Gallimard, coll. 〈Folio〉, Paris, 1987, p.80.

8) Hegel G.W.F., *Dokumente*, cité par J. d'Hondt, in *Hegel, philosophe de l'histoire vivante*, Éditions sociales, Paris, 1966, p.206.

9) Taine H., *Histoire de la littérature anglaise*(1863), t. I, p. XV : rééd. 1905.

10) Bourdeau L., *L'Histoire et les historiens. Essai critique sur l'histoire considérée comme une science positive*, 1888, p.5.

11) 같은 책, p.122.

12) Simiand F., 〈Méthode historique et sciences sociales〉, *Revue de synthèse historique*, 1903.

13) 같은 책.

14) 같은 책.

15) Febvre L., 〈Une histoire de la Russie moderne〉, in *Combats pour l'histoire*, Éd. Armand Colin, Paris, 1953, pp.70-74.

16) Febvre L., *La Terre et l'évolution humaine*, Éd. Albin Michel, Paris, 1922.

17) Ratzel F., *Géographie politique*(1897), trad. par P. Rusch, Éditions régionales européennes, Lausanne, 1988.

18) Febvre L., *Annales, Économies, Sociétés, Civilisations*, 1953, p.374, note.

19) Febvre L., 〈Histoire et psychologie〉, in *Encyclopédie française*, 1938 : repris dans *Combats pour l'histoire*, Éd. Armand Colin, Paris, 1953, p.211.

20) Bloch M., *L'Étrange Défaite*(1940), Éd. Francs-Tireurs, 1946, p.188.

21) Lévi-Strauss Cl., 〈Histoire et ethnologie〉, in *Anthropologie structurale*, Éd. Plon, Paris, 1958.

22) Braudel F., 〈Histoire et sciences sociales : la longue durée〉, *Annales*, n° 4, oct.-déc. 1958, pp.725-753 : repris dans *Écrits sur l'histoire*, Éd. Flammarion, Paris, 1969.

23) F. Braudel, *La Méditerranée et le monde méditerranéen à l'époque de Philippe II*, Éd. Armand Colin, Paris, 1946.

24) 〈Histoire et structure〉, *Annales*, n°' 3-4, mai-août 1971.

25) Burguière A.(dir.), *Dictionnaire des sciences historiques*, Éd. PUF, 1986, p.VII.

26) Le Roy Ladurie E., *Leçon inaugurale au Collège de France*, 30 nov. 1973 : repris dans *Le Territoire de l'historien*, Éd. Gallimard, Paris, 1978, t. II, pp.7-34.

27) 같은 책, p.11.

28) 같은 책, p.9.

29) 같은 책, p.34.

30) P. Nora et J. Le Goff(dir.), *Faire de l'histoire*, (3 tomes): *Nouveaux problèmes*(t. I), *Nouvelles approches*(t. II), *Nouveaux objets*(t. III), Éd. Gallimard, Paris, 1974.

31) Le Roy Ladurie E., *Histoire du climat depuis l'an 1000*, Éd. Flammarion, Paris, 1967, chap. 1.

32) Revel J., Entretien avec, 〈Braudel dans tous ses états〉, *Espaces Temps*, nᵒˢ 34-35, déc. 1986.

33) Le Roy Ladurie E., *Le Territoire de l'historien*, Éd. Gallimard, Paris, 1973, t. I, p.20.

34) Certeau M.(de), *Histoire et psychanalyse entre science et fiction*, *op. cit.*, pp.77-78.

35) Ricœur P., 〈Objectivité et subjectivité en histoire〉, Journées pédagogiques de coordination entre l'enseignement de la philosophie et celui de l'histoire, Centre international d'études pédagogiques, Sèvres, déc. 1952: repris dans *Histoire et Vérité, op. cit.*, p.30.

36) 같은 책, p.43.

37) 같은 책, p.31.

38) 같은 책, p.32.

III 이야기에 대한 관심

1) Cicéron, *De Oratore*, trad. par H. Bornecque, Éd. Les Belles Lettres, Paris, 1921.

2) 고대 로마에서 《연대기 *Annales*》는 매우 오랜 기간 동안 확산된 연대기였으며, 해마다 국내외 정책에 주목할 만한 사건들의 이야기를 소개했다.

3) *De Oratore, op. cit.*, 2, 12, 54.

4) 같은 책, 2, 9, 36.

5) Tite-Live, Préface générale à l'*Histoire romaine*, trad. par E. Lasserre, Éd. Garnier, Paris, 1936.

6) 황제 통치는 도래되어질 제국과 여전히 겉모습을 유지하고 있는 공화국 사이의 과도기적인 통치이다. 로마에서 군주처럼 보이는 지도자에 의한 이러한 통치는, 가령 그가 계승받게 될 결정권을 아직 가지고 있지 않

다 하더라도 그에 의해 장악된다.

7) 티베리우스는 14-37년 사이에 통치했던 로마 황제이다.

8) Tacite, *Annales*, XIV, 5.

9) J. Blanchard, 〈L'histoire commynienne: pragmatique et mémoire dans l'ordre politique〉, *Annales, Économies, Sociétés, Civilisations*, n° 5, sept.-oct. 1991, pp.1071-1105.

10) Commynes Ph.(de), *Mémoires*, Éd. R. Chantelauze, Paris, 1881, t. I, p.224.

11) A. Thierry, *Lettres sur l'histoire de France, Le Courrier français*, 1820.

12) 같은 책.

13) Thierry A., *Dix ans d'études historiques*(1834); repris dans M. Gauchet, *Philosophie des sciences historiques*, PUL, Lille, 1988, p.40.

14) Thierry A., *Lettres sur l'histoire de France, op. cit.*

15) Gauchet M., 〈Les *Lettres sur l'histoire de France* d'Augustin Thierry〉, in P. Nora, *Les Lieux de mémoire*, t. II, *op. cit.*, pp.247-316.

16) Michelet J., Préface de 1869 à *l'Histoire de France*, in *Œuvres complètes*, Éd. Flammarion, Paris, 1974, IV, p.11.

17) 같은 책, p.15.

18) Michelet J., *Journal*, 1839, in *Journal intime*(1828-1848), Éd. Gallimard, Paris, 1959, t. I, p.289.

19) Michelet J., cité par Roland Barthes, *Michelet*(1954), Éd. du Seuil, coll. 〈Points〉, Paris, 1988, p.50.

20) Michelet J., Préface à *Le Peuple*, Éd. Calmann-Lévy, Paris, 1877, p.XXXV.

21) Michelet J., Préface de 1869 à *l'Histoire de France, op. cit.*, p.27.

22) Veyne P., *Comment on écrit l'histoire*, Éd. du Seuil, Paris, 1971; rééd., coll. 〈Points〉, 1978, p.14.

23) 같은 책, p.36.

24) Certeau M.(de), *L'Écriture de l'histoire, op. cit.*, p.118.

25) 같은 책, p.70.

26) 같은 책, p.78.

27) Stone L., 〈Retour au récit ou réflexions sur une nouvelle vieille histoire〉, *Past and Present*, n° 85, 1979, pp.3-24; publié en français dans

Le Débat, n° 4, 1980, pp.116-142.

28) L. Stone은 연구의 논증적인 기초가 자원 상태에 따른 인구 변화의, 맬서스주의의 적응 구조를 강조하는 것인 아날학파의 연구들을 '생태-인구통계학(écologico-démographique)'의 모델로 지칭한다.

29) L. Stone은, 역사의 변수들 중의 하나를 삭제함으로써 가능성 있는 변화들을 위장하면서 역사를 다시 기술하려고 시도했던, 미국 反사실주의 학파를 '계량경제사(cliométricienne)' 학파로 지칭한다. 예를 들어 역사가들은 철도가 없었다면 미국 역사가 될 수 있었던 것이 무엇인지를 알려고 시도했다.

30) Stone L., *Le Débat, op. cit.*, p.123.

31) Gadamer H.G., *Vérité et Méthode*, Éd. du Seuil, Paris, 1976, p.137.

32) Ricœur P., *Temps et Récit*, Éd. du Seuil, Paris, 1983-1985, t. I, II et III.

33) Aristote, *Physique*, IX, 219 a 2.

34) 같은 책, 221 a 30-221 b 2.

35) Saint Augustin, *Les Confessions*, Livre XI, Éd. Garnier-Flammarion, Paris, 1964, chap. XIV, p.264.

36) 같은 책, chap. XX, p.269.

37) Ricœur P., *Temps et Récit*, t. III, *op. cit.*, p.190.

38) 같은 책, p.197.

39) Ginzburg C., 〈Traces, racines d'un paradigme indiciaire〉, in *Mythes, Emblèmes, Traces*, Éd. Flammarion, Paris, 1989, pp.139-180.

40) Lévinas E., 〈La trace〉, *Humanisme de l'autre homme*, Éd. Fata Morgana, Montpellier, 1972, pp.57-63.

41) Farge A., *Le Goût de l'archive*, Éd. du Seuil, Paris, 1989.

42) Rancière J., *Les Noms de l'histoire. Essais de poétique du savoir*, Éd. du Seuil, Paris, 1992.

43) Farge A., *Le Cours ordinaire des choses. Dans la cité du XVIII* siècle, Éd. du Seuil, Paris, 1994, p.151.

IU 역사성의 새로운 체제

1) Nora P., 〈Les France: de l'archive à l'emblème〉, in *Les Lieux de mémoire*, t. III, vol. III, *op. cit.*, p.1012.

2) Mendras H., *La Fin des paysans*, Éd. Armand Colin, Paris, 1967.

3) Nora P., 〈Comment on écrit l'histoire de France〉, in *Les Lieux de mémoire*, t. III, vol. I, *op. cit.*, p.27.

4) Nora p., 〈Entre histoire et mémoire〉, in *Les Lieux de mémoire*, t. I, *op. cit.*, p.XXIX.

5) Certeau M.(de), *L'Invention du quotidien. Arts de faire*, Éd. Gallimard, coll. 〈Folio〉, Paris, 1990, 1, p.131.

6) Rousso H., *Le Syndrome de Vichy*(1987), Éd. du Seuil, Paris: rééd. coll. 〈Points〉, 1990.

7) Rousso H. et Conan É., *Vichy, un passé qui ne passe pas*, Fayard (1994): rééd. Éd. Gallimard, coll. 〈Folio-Histoire〉, 1996.

8) Rousso H., *La Hantise du passé*, Éd. Textuel, 1998, p.36.

9) Valensi L., 〈Présence du passé, lenteur de l'histoire〉, *Annales ESC*, n° 3, mai-juin 1993, p.498.

10) 같은 책, p.498.

11) 같은 책, p.499.

12) Vidal-Naquet P., *Les Assassins de la mémoire*, Éd. La Découverte, Paris, 1987.

13) Pollak M., *L'Expérience concentrationnaire. Essai sur le maintien de l'identité sociale*, Éd. Métaillé, Paris, 1990.

14) Pollak M., 〈Mémoire, oubli, silence〉, in *Une identité blessée*, Éd. Métaillé, Paris, 1993, p.38.

15) Passeron R., 〈Poïétique et histoire〉, Conférence prononcée au colloque: *Idées, Mentalités, Histoire*, Université de Sfax, Tunisie, 9 mai 1992, publiée par *Espaces Temps*, n°ˢ 55-56, 1994, p.103.

16) 같은 책, p.105.

17) Foucault M., 〈Nietzsche, la généalogie, l'histoire〉, in *Hommage à Hyppolite*, Éd. PUF, Paris, 1971, p.160.

18) 같은 책, p.161.

19) Nora P., *Communications*, n° 18, 1972: repris et remanié dans *Faire de l'histoire*, t. I, *op. cit.*, pp.210-228.

20) Ricœur P., 〈Événement et Sens〉, *Raisons pratiques*, n° 2, 1991, pp.51-52.

21) G. Noiriel, *Le Creuset français. Histoire de l'immigration, XIXe-XXe

siècle, Éd. du Seuil, Paris, 1988; *La Tyrannie du national. Le droit d'asile en Europe*, Éd. Calmann-Lévy, Paris, 1991.

22) Boyer A., *L'Explication historique*, Éd. PUL, Lille, 1992, p.171.

23) Corbin A., 〈Le vertige des foisonnements, esquisse panoramique d'une histoire sans nom〉, *Revue d'histoire moderne et contemporaine*, 36, janvier-mars 1992, p.117.

24) Chartier R., 〈Le monde comme représentation〉, *Annales ESC*, n° 6, nov.-déc. 1989, pp.1505-1520.

25) Dosse F., *L'Histoire en miettes*(1987), Éd. La Découverte; rééd. Éd. Presses-Pocket, coll. 〈Agora〉, 1997.

26) Chartier R., *art. cit.*, p.1508.

27) 같은 책, p.1509.

28) 같은 책, p.1512.

29) L. Boltanski et L. Thévenot, *Les Économies de la grandeur, op. cit.*

30) Lévi-Strauss Cl., 〈L'efficacité symbolique〉, *Revue d'histoire des religions*, n° 1, 1949, pp.5-27; repris dans *Anthropologie structurale*, Éd. Plon, Paris, 1958, pp.205-226.

31) Grendi E., 〈Micro-analisi e storia sociale〉, *Quaderni Storici*, 1972, 35, pp.506-520.

32) Levi G., *Le Pouvoir au village*, Éd. Gallimard, Paris, 1989; 이 책 안에 있는 J. Revel의 서문 또한 참조.

33) A. Boureau, *La Papesse Jeanne*, Éd. Aubier, Paris, 1988.

참고 문헌

BARRET-KRIEGEL B., *L'Histoire à l'âge classique*(4 tomes), Éd. PUF, 1988 ; rééd. coll. 〈Quadrige〉.

BÉDARIDA F.(dir.), *Écrire l'histoire du temps présent*, Éd. CNRS, 1993.

BIZIÈRE J.-M. et VAYSSIÈRE P., *Histoire et Historiens*, Éd. Hachette, 1995.

BOURDÉ G. et MARTIN H., *Les Écoles historiques*, Éd. du Seuil, coll. 〈Points〉, 1985.

BOUTIER J. et JULIA D., *Passés recomposés. Champs et chantiers de l'histoire*, Éd. Autrement, 1995.

BURGUIÈRE A.(dir.), *Dictionnaire des sciences historiques*, PUF, 1986.

CERTEAU M.(de), *L'Écriture de l'histoire*, Éd. Gallimard, 1975.

CHARTIER R., *Au bord de la falaise*, Éd. Albin Michel, 1998.

DOSSE F., *L'Histoire en miettes. Des* Annales *à la nouvelle histoire*, Éd. La Découverte, 1987 ; rééd. Éd. Presses-Pocket, 1997.

DUBY G., 〈Le Temps réfléchi, l'histoire au risque des historiens〉, *Espaces Temps*, n° 59-60-61, 1995.

FOUCAULT M., *L'Archéologie du savoir*, Éd. Gallimard, 1969.

GAUCHET M.(éd.), *Philosophie des sciences historiques*(Textes de Barante, Cousin, Guizot, Michelet, Mignet, Quinet), Presses universitaires de Lille, 1988.

GINZBURG C., *Mythes, Emblèmes, Traces*, Éd. Flammarion, 1989.

GUÉNÉE B., *Histoire et culture historique dans l'Occident médiéval*, Éd. Aubier, 1980.

HARTOG F., *Le Miroir d'Hérodote*, Éd. Gallimard, 1980.

KOSELLECK R., *Le Futur passé : contribution à la sémantique des temps historiques*, EHESS, 1990.

LE GOFF J., CHARTIER R. et REVEL J.(dir.), *La Nouvelle Histoire*, Éd. Retz, 1978.

LEPETIT B., *Les Formes de l'expérience*, Éd. Albin Michel, 1995.

MARROU H.-I., *De la connaissance historique*, Éd. du Seuil, 1955; rééd. coll. 〈Points〉, 1983.

NOIRIEL G., *Sur la 〈crise〉 de l'histoire*, Éd. Belin, 1996.

NORA P., *Les Lieux de mémoire*(7 volumes), Éd. Gallimard, 1984-1993.

NORA P. et LE GOFF J.(dir.), *Faire de l'histoire*(3 tomes), Éd. Gallimard, 1974.

PÉCHANSKI D., POLLACK M. et ROUSSO H., *Histoire politique et sciences sociales*, Éd. Complexe, 1991.

POMIAN K., *L'Ordre du temps*, Éd. Gallimard, 1984.

PROST A., *Douze Leçons sur l'histoire*, Éd. du Seuil, coll. 〈Points〉, 1996.

RANCIÈRE J., *Les Noms de l'histoire: essai de poétique du savoir*, Éd. du Seuil, 1992.

RÉMOND R.(dir.), *Pour une histoire politique*, Éd. du Seuil, 1988.

REVEL J.(dir.), *Jeux d'échelles*, EHESS, 1996.

RICŒUR P., *Temps et Récit*(3 tomes), Éd. du Seuil, 1983-1985; rééd. coll. 〈Points〉, 1991.

RIOUX J.-P.(dir.), *Pour une histoire culturelle*, Éd. du Seuil, 1997.

ROUSSO H., *La Hantise du passé*, Éd. Textuel, 1998.

VEYNE P., *Comment-on écrit l'histoire*, Éd. du Seuil, 1971; rééd. coll. 〈Points〉, 1978.

색 인

김미겸
한국외국어대학교 불어과 졸업
프랑스 파리4대학 불문학 석사

현대신서
65

역 사

초판발행: 2001년 4월 10일

지은이: 프랑수아 도스
옮긴이: 김미겸
펴낸이: 辛成大
펴낸곳: 東文選
제10-64호, 78. 12. 16 등록
110-300 서울 종로구 관훈동 74번지
전화: 737-2795
팩스: 723-4518

ISBN 89-8038-152-2 04900
ISBN 89-8038-050-X (세트)

【東文選 現代新書】

77	拳法要訣	金光錫	10,000원
78	艸衣選集	艸衣意恂 / 林鍾旭	14,000원
79	漢語音韻學講義	董少文 / 林東錫	10,000원
80	이오네스코 연극미학	C. 위베르 / 박형섭	9,000원
81	중국문자훈고학사전	全廣鎭 편역	15,000원
82	상말속담사전	宋在璇	10,000원
83	書法論叢	沈尹默 / 郭魯鳳	8,000원
84	침실의 문화사	P. 디비 / 편집부	9,000원
85	禮의 精神	柳肅 / 洪熹	10,000원
86	조선공예개관	日本民芸協會 편 / 沈雨晟	30,000원
87	性愛의 社會史	J. 솔레 / 李宗旼	18,000원
88	러시아미술사	A. I. 조토프 / 이건수	16,000원
89	中國書藝論文選	郭魯鳳 選譯	25,000원
90	朝鮮美術史	關野貞 / 沈雨晟	근간
91	美術版 탄트라	P. 로슨 / 편집부	8,000원
92	군달리니	A. 무케르지 / 편집부	9,000원
93	카마수트라	바짜야나 / 鄭泰爀	10,000원
94	중국언어학총론	J. 노먼 / 全廣鎭	18,000원
95	運氣學說	任應秋 / 李宰碩	8,000원
96	동물속담사전	宋在璇	20,000원
97	자본주의의 아비투스	P. 부르디외 / 최종철	6,000원
98	宗敎學入門	F. 막스 뮐러 / 金龜山	10,000원
99	변 화	P. 바츨라빅크 外 / 박인철	10,000원
100	우리나라 민속놀이	沈雨晟	15,000원
101	歌訣(중국역대명언경구집)	李宰碩 편역	20,000원
102	아니마와 아니무스	A. 융 / 박해순	8,000원
103	나, 너, 우리	L. 이리가라이 / 박정오	10,000원
104	베케트연극론	M. 푸크레 / 박형섭	8,000원
105	포르노그래피	A. 드워킨 / 유혜련	12,000원
106	셀 링	M. 하이데거 / 최상욱	12,000원
107	프랑수아 비용	宋勉	18,000원
108	중국서예 80제	郭魯鳳 편역	16,000원
109	性과 미디어	W. B. 키 / 박해순	12,000원
110	中國正史朝鮮列國傳(전2권)	金聲九 편역	120,000원
111	질병의 기원	T. 매큐언 / 서 일·박종연	12,000원
112	과학과 젠더	E. F. 켈러 / 민경숙·이현주	10,000원
113	물질문명·경제·자본주의	F. 브로델 / 이문숙 外	절판
114	이탈리아인 태고의 지혜	G. 비코 / 李源斗	8,000원
115	中國武俠史	陳山 / 姜鳳求	18,000원
116	공포의 권력	J. 크리스테바 / 서민원	근간
117	주색잡기속담사전	宋在璇	15,000원
118	죽음 앞에 선 인간(상·하)	P. 아리에스 / 劉仙子	각권 8,000원

161 漢語文字學史	黃德實·陳秉新 / 河永三	24,000원
162 글쓰기와 차이	J. 데리다 / 남수인	28,000원
163 朝鮮神事誌	李能和 / 李在崑	근간
164 영국제국주의	S. C. 스미스 / 이태숙·김종원	16,000원
165 영화서술학	A. 고드로·F. 조스트 / 송지연	17,000원
166 미학사전	사사키 겐이치 / 민주식	근간
167 하나이지 않은 성	L. 이리가라이 / 이은민	18,000원
168 中國歷代書論	郭魯鳳 譯註	25,000원
169 요가수트라	鄭泰爀	15,000원
170 비정상인들	M. 푸코 / 박정자	25,000원
171 미친 진실	J. 크리스테바 / 서민원	근간
172 디스탱숑(상·하)	P. 부르디외 / 이종민	근간
173 세계의 비참(전3권)	P. 부르디외 外 / 김주경	각권 26,000원
174 수묵의 사상과 역사	崔炳植	근간
175 파스칼적 명상	P. 부르디외 / 김웅권	근간
176 지방의 계몽주의(전2권)	D. 로슈 / 주명철	근간
177 조선민족무용기본·2	최승희	근간
178 사랑의 단상	R. 바르트 / 김희영	근간
179 中國書藝理論體系	熊秉明 / 郭魯鳳	근간
180 미술시장과 경영	崔炳植	근간
181 카프카 — 소수적인 문학을 위하여	G. 들뢰즈·F. 가타리 / 이진경	근간

【롤랑 바르트 전집】

▨ 현대의 신화	이화여대기호학연구소 옮김	15,000원
▨ 모드의 체계	이화여대기호학연구소 옮김	18,000원
▨ 텍스트의 즐거움	김희영 옮김	15,000원
▨ 라신에 관하여	남수인 옮김	10,000원

【漢典大系】

▨ 說 苑 (上·下)	林東錫 譯註	각권 30,000원
▨ 晏子春秋	林東錫 譯註	30,000원
▨ 西京雜記	林東錫 譯註	20,000원
▨ 搜神記 (上·下)	林東錫 譯註	각권 30,000원

【기 타】

■ 경제적 공포	V. 포레스테 / 김주경	7,000원
■ 古陶文字徵	高 明·葛英會	20,000원
■ 古文字類編	高 明	24,000원
■ 金文編	容 庚	36,000원
■ 딸에게 들려 주는 작은 지혜	N. 레흐레이트너 / 양영란	6,500원
■ 딸에게 들려 주는 작은 철학	R. 시몬 셰퍼 / 안상원	7,000원
■ 미래를 원한다	J. D. 로스네 / 문 선·김덕희	8,500원

東文選 現代新書 20

클래식

메리 비어드 • 존 헨더슨
박범수 옮김

우리는 고전시대의 세계를 오늘날의 우리들이 가지고 있는 도덕관과 미학에 따라 판단해야 할 것인가? 고전시대 자체가 가지고 있는 독자적인 가치는 무엇인가? 왜 고전시대 세계는 그토록 오랜 세월 동안 영구불변의 영향력을 지녀왔는가? 그래서 고전이 우리 시대의 문화·정치·연극·건축·언어, 그리고 문학에 미친 영향은 무엇인가?

고전학에 대한 이 간략한 입문서는 쓸쓸한 산허리에 자리잡고 있는, 유령이라도 나올 듯한 옛 신전을 고대 그리스의 영광과 로마의 장대함에, 그리고 제퍼슨과 바이런에서 아스테릭스와 벤허에 이르기까지, 현대 문명 속에 존재하는 고전시대와 연결시키고 있다.

조각상과 노예제도, 신전과 비극, 박물관, 대리석 조각품, 그리고 신화. 흥미를 자극하는 이 고전 연구 입문서는 그 안에 담겨진 다양한 제재에 대해 우리가 가질 수 있는 궁금증을 풀어 주는 한편, 이 저술의 특징이 되고 있는 두드러진 열정과 즐거움을 통해 독자를 그 안으로 끌어들이고 있다. 이 책은 현재 이용할 수 있는 것으로는 최신판이며, 가장 손쉽게 넣을 수 있는 고전학 입문서이다. 이 책은 모든 학생, 그리고 고대 세계가 찬란하게 펼쳐졌던 그 땅을 향하는 모든 여행자의 손에 들려져 있어야 할 그런 책이다.

東文選 文藝新書 115

성의 歷史

장 루이 플랑드렝
편집부 옮김

아날학파의 유럽 性에 대한 기념비적인 논고.

　대부분 인간의 행동양식은 어떤 문화의 틀 속에서 만들어져야 한다는 의미에서, 자연인은 결코 존재하지 않는다. 그런데 모든 문화란 시간의 흐름 속에서 조금씩 완성되어 온 것으로, 과거에 존재했던 갖가지 체계, 과거에 받았던 정신적 상처가 깊이 아로 새겨져 있다. 문학·도덕·법률·언어·과학·기술·예능, 요컨데 우리들의 문화를 구성하는 모든 것을 사이에 두고, 우리들은 태어나면서부터 자신도 모르는 사이에 과거에 의해 계속 침략당하고 있는 것이다. 우리들에게는 이 유산 수취를 거부할 자유가 없다. 특히 性에 관한 한 우리들 과거로부터의 해방을 철저히 방해받고 있다.

　몇 세기 전부터 사랑은 시인·소설가, 혹은 독자들이 원하는 주제가 되어 왔다. 이런 점은 예를 들어 16세기부터 20세기 사이에 이렇다할 변화가 없다. 그러나 이 5백 년 동안 사랑으로 불리어 온 것이 모두 같은 감정이었을까? 사랑의 자극원인·대상은 항상 같은 것이었을까? 또한 사랑의 행동은? 본서에 정리되어 있는 몇 편의 논고도 연애·결혼·부부의 성교·친자관계·독신자의 성생활에 관한 것이다. 시간의 축을 잃어버린 지식이 우리들에게 주어진 이미지를 변화시키는 작업에 참가할 수 있게 되기를 저자는 내심 기대한다.

東文選 文藝新書 70

창부娼婦

알렝 꼬르벵

李宗畋 옮김

　가장 오래 된, 영한한 직업 매춘을 역사의 장으로 끌어들인 아날학파의 걸작.

　돈으로 매매되는 성행위. 사회심리학적으로 보아도 매우 중요한 이 측면을 오늘날의 아카데믹한 역사학은 무시하고 있다. 그들이 침묵하며 말하지 않는 것은 단지 금기이기 때문일까. 그들의 침묵은 요컨대 매춘이라는 현상을 비역사적으로 보고 있는데서 나온 것이다. 그러나 매춘이 〈세상에서 가장 오래 된 직업〉이라는 점만은 결코 역사에서 벗어날 수 없는 것이다. 지금까지 사회심리학자들의 손에서 버림받은 19세기의 성과학사는 도덕적인 문제나 출산장려, 성병, 혹은 우생학의 차원에서 탈피하여 욕망과 쾌락과 굶주린 성의 역사가 되어야 한다.

　투철한 의식의 역사학자로서 알렝 꼬르벵은 이 책속에 새로운 테마와 독창적인 방법으로 19세기의 프랑스 매춘사를 쏟아부었다. 그는 19세기 프랑스 사회에 있어서 욕망과 쾌락, 그리고 채워지지 않는 성의 역사를 기술할 목적으로 성에 얽힌 행동들을 추구하고 부부의 침실을 비롯해서 공인창가와 비밀창가의 내부에 이르기까지 분석의 메스를 가했다. 따라서 학술적인 이 연구서는 매춘에 관한 언설을 통하여 현시대로 계승되고 있는 19세기의 사회적 고민과 욕구불만을 냉철하게 해독하는 역작이다.

　딱딱한 학술서적의 성격을 띠고 있는 이 책에서, 그러나 우리는 매춘의 주체로서 매춘부들에 대한 신랄한 비판보다는 오히려 그들에 대한 저자의 따뜻한 눈길을 포착할 수 있다.

東文選 文藝新書 134

전사와 농민

주르주 뒤비 / 최생열 옮김

★폴 발레리상 수상

　조르주 뒤비는 야날학파의 제2세대로서 마르크 블로크의 제자이다. 전후 프랑스 중세 사학을 선도한 인물로 연구 분야 전반에 걸쳐 학계에 지대한 영향을 끼쳤다.

　뒤비는 7세기를 전환점으로 하여 유럽 경제가 서서히 성장(농업 생산의 진전)하며, 12세기말에 이르러 비약(도시경제가 농촌경제를 압도)하는 것으로 파악하였다. 그는 중세초 제후의 선물, 교회의 장려함, 유력한 자의 묘지에 비장되었던 주화, 희생제의 등 여러 면에서 엿볼 수 있는 장식적 사치에 관심을 기울였다. 뒤비의 이같은 논지는 7,8세기부터 오히려 유럽 경제가 현저히 후퇴했다고 보는 종래의 유력한 견해와는 현저히 대비되고 있다. 또한 중세초를 순례나 기근, 전쟁과 약탈로 점철된 시대로만 보려는 일반인의 생각을 뒤엎는 것이라고 할 수 있다. 이를 증명함에 있어 그는 방대한 통계수치, 이론적 논의를 동원하거나 현대의 경제 모형을 당대에 적용하려는 일반 경제사가들의 연구방식을 취하고 있지 않다. 그는 중세초 유럽인의 경제활동을 당시 경제뿐만 아니라 그들의 심성·종교·생활방식·정치제도·전쟁 등과 관련하여 고려하였다. 저자는 최근의 고전학(古錢學)·화상학·수목학·기후학·고고학 등의 연구성과를 충분히 받아들이고 있다. 또한 인도·중국·러시아 및 여타 원시사회에 대한 인류학적 연구성과물을 이용하였다. 그는 이같은 방법론들에 부가하여 풍부한 역사학적 상상력을 동원하여 사료가 부족한 실정임에도 불구하고, 중세초 경제 성장의 양상을 실감나게 묘사하였다. 그리고 그 업적으로 폴 발레리상을 수상하였다. 평소 오케스트라를 지휘할 정도의 풍부한 감성과 상상력을 겸비했던 필자는, 탁월한 어휘 선택과 문장력으로 자신의 학문적 성과를 더욱 돋보이게 하였다.

서기 1000년과 서기 2000년
그 두려움의 흔적들

조르주 뒤비
양영란 옮김

현대인들에게 나날이 봉착하는 어려움에 보다 현명하게 대처케 하고, 그들의 미래에 대한 확신감을 불어넣어 주는 데 도움이 되지 않는다면 도대체 역사라는 것이 무슨 소용이 있겠는가? 과거의 심성을 탐험해 보는 것은, 오늘날의 위험들에 보다 잘 대처하는 데 반드시 도움이 될 것이다.

지금으로부터 800년 혹은 1000년 전에 살았던 사람들도 현재의 우리만큼이나 불안에 떨었다. 생존문제에 고통을 받았고, 사나운 이방인들의 침입에 대한 공포에 사로잡혀 있었으며, 죽음과 친숙한 전염병의 공포 속에서 비참하게 살았다. 즉 기근과 폭력, 역병, 그리고 사후세계에 대한 두려움 속에서 말이다. 조르주 뒤비가 진보하는 세계 속의 징후군들로 명확하게 나타나는, 현대의 두려움들에 대해 관심을 기울이는 것도 바로 이러한 중세의 두려움에서 출발한다.

그러나 풍부한 교훈을 얻을 수 있는 것은, 반드시 두 시대가 지니고 있는 상이한 성격에서도 아니고, 또한 두 시대의 유사한 성격에서도 아니다. 오늘날처럼 비참함을 동반하는 고독은 1000년경에 살았던 우리 조상들에게는 전혀 알려져 있지 않았으며, 서기 1000년을 맞는 중세인들은 세상의 종말을 결코 의심하지 않았다.

중세인들의 상상력과 두려움들을 보다 구체적으로 설명하기 위해 많은 도판들이 제공된 이 책에서, 조르주 뒤비는 대담이라는 형태 속에서 자신의 견해를 분명하게 밝히고 있다.

東文選 文藝新書 137

구조주의의 역사

프랑수아 도스 / 이봉지 外 옮김

80년대 중반 이래 포스트모더니즘의 유행이 불어닥치면서 한국의 지성계는 포스트모더니즘의 이론적 기반을 제공한 포스트 구조주의라는 용어를 '후기 구조주의'와 '탈구조주의'의 둘로 번역해 왔다. 전자는 구조주의와의 연속성을 강조한 것이고, 후자는 그것과의 단절을 강조한 것이다. 그런데 파리 10대학 교수인 저자는 《구조주의의 역사》라는 1천여 쪽에 이르는 저작을 통하여 구조주의의 제1세대라고 할 수 있는 레비 스트로스 · 로만 야콥슨 · 롤랑 바르트 · 그레마스 · 자크 라캉 등과, 제2세대라 할 수 있는 루이 알튀세 · 미셸 푸코 · 자크 데리다 등의 작업이 결코 단절된 것이 아니며, 유기적인 연관을 맺고 있다는 것을 밝힘으로써 이에 대한 하나의 해답을 제시하고 있다.

그는 지난 반세기 동안 프랑스 지성계를 지배하였던 구조주의의 운명, 즉 기원에서 쇠퇴에 이르는 과정에 대한 전체적인 조망을 통해 우리가 흔히 구조주의와 후기 구조주의라고 구분하여 부르는 이 두 사조가 모두 인간 및 사회 · 정치 · 문학 그리고 역사에 관한 고전적인 개념의 근저를 천착하여 우리로 하여금 그것들의 정당성을 의문시하게 만드는 탈신비화의 과정에 참여하였다는 것을 밝혔으며, 이런 공통점들에 의거하여 이들 두 사조를 하나의 동일한 사조로 파악하였다.

또한 도스 교수는 민족학 · 인류학 · 사회학 · 정치학 · 역사학 · 기호학, 그리고 철학과 문학에 이르기까지 프랑스에서 흔히 인간과학이라 부르는 학문의 모든 분야에 걸쳐 이룩된 구조주의적 연구의 성과를 치우침 없이 균형 있게 다룸으로써 구조주의의 일반적인 구도를 제시한다. 뿐만 아니라 구조주의의 몇몇 기념비적인 저작에 대한 심층적인 분석을 통하여 주체의 개념을 비롯한 몇몇 근대 서양 철학의 기본 개념의 쇠퇴와 그 부활의 과정을 보여 줌으로써, 옛 개념들이 수정되고 재창조되며 또한 새로운 개념으로 다시 태어나는 과정을 파노라마처럼 그려낸다.

東文選 現代新書 43

중세에 살기

자크 르 고프

최애리 **옮김**

　엘로이즈와 아벨라르의 정열적이고도 비극적인 이야기는 12세기 초의 프랑스 사회가 지니고 있던 모순들을 잘 보여 준다. 신화가 되어 버린, 하지만 그 역사적 실재에 대해 더 이상 이의를 제기할 수 없는 이 두 인물은, 가족과 결혼과 교회가 부과하는 제약들에 맞서서 수도원에 들어가는 것밖에 달리 선택의 여지가 없었다.

　중세 내내 유령들은 산 자들을 따라다녔다. 왕을 놀래켜 개혁을 요구하기 위해서나, 아니면 그저 일개인으로 하여금 자신에 대한 좋은 기억을 상기하게 하기 위해서나, 유령은 어디에나 있었다. 교회는 그런 이야기들을 퍼뜨리는 데에 앞장섰으니, 안식하지 못하는 이 망자들은 상당한 수입원이 되었기 때문이다.

　금지된 사랑, 금지된 성, 유령과 교회, 사랑과 돈, 줄무늬 옷의 유래, 중세의 매춘부, 망자들의 미사는 수입의 원천, 별볼일 없는 성전기사단, 수도원장의 축재법, 거세당한 아벨라르, 최고의 구경거리 사형, 고리대금업자의 저주받은 삶…… 등 20개 항목에 걸친 짧고 감칠맛나는 글들이 서양 중세에 관한 입문서로서뿐만 아니라 여가의 읽을 거리로도 부담없이 재미있게 읽힌다.

　비록 일반인들을 위해 쉽고 재미있게 씌어진 글이기는 하나 매 항목마다 사학계의 권위있는 학자들이 집필하여 결코 그 깊이가 덜하지 않다.

東文選 現代新書 28

상상력의 세계사

뤼시앵 보이아
김웅권 옮김

상상력의 세계는 인류가 지나온 역사 전체를 아우르는 광대하고 심원한 시공의 세계이다. 인간이 다른 존재와 차별적 존재로서 자신과 우주에 대해 몽상을 시작한 아득한 옛날부터 과학이 종교화되고 있는 현대에 이르기까지, 그것은 지속적으로 우리의 삶 구석구석에 침투하면서 인간과 세계에 대한 인식과 신비를 확장시켜 왔다. 그렇다면 이와 같은 정신의 기능이 걸어온 역사를 쓰고, 이로부터 그것이 지닌 법칙을 도출해 낼 수 있을 것인가?

상상력의 세계사, 그것은 인류 역사의 새로운 접근이다. 20세기에 이루어진 공산주의와 전체주의의 실험과 좌절, 민주주의의 확산, 현대의 첨단과학이 추구하는 꿈, 종말론의 난무, 외계에 대한 꿈, 문명의 충돌과 전쟁 등으로부터 과거의 모든 문명들이 추구했던 이상에 이르기까지, 상상력의 세계가 지닌 원형적 구조들은 어디에나 은밀하게 기능하면서 역사의 공간을 풍요롭게 채색해 왔다. 그것들은 개인의 차원이든 사회 공동체의 차원이든, 자연 앞에서 문화를 일구어 나가는 일상적인 행동의 원초적 원리를 간직하고 있다. 독자는 저자가 전개하는 논리를 따라가다 보면, 오늘날의 다원적이고 풍요로운 사회를 뿌리에서 지탱해 주는 신화적 세계로 자연스럽게 이동할 수 있고, 동시에 인간에 대한 어떤 정체성을 확인할 수 있을 것이다.